JUDENT...

GRUNDRIS...

- **Das Heilige Land** 3
- **Die biblische Zeit** 5
  - Der Bund 5
  - Mose und die Offenbarung 6
  - Davids Reich 8
  - Das Babylonische Exil 9
  - Judäas Ende 11
  - Die Glaubensspaltung 12
- **Die Erneuerung des Glaubens** 13
  - Der Aufstieg der Rabbiner 14
  - Gottes Wort: Die Tora 15
  - Der Talmud 17
  - Der Rabbi und seine Gemeinde 22
  - Die Synagoge 23
  - Das Gebet 25
  - Ritualgegenstände 27
  - Kaschrut: Reinheits- und Speisegebote 28
  - Der jüdische Kalender 29
  - Der Sabbat 30
  - Die Festtage 33
  - Der Lebenslauf 39
- **In der Diaspora** 45
  - Das sefardische Judentum 45
  - Die jüdischen Gemeinden in Aschkenas 50
- **Aus dem Ghetto in die Gesellschaft** 54
  - Die Maskilim 54
  - Der Weg in die Akkulturation 56

Die Chassiden 59
Der Zionismus 61
Der Judenstaat 63
Die nationalsozialistische »Judenpolitik« **67**
Die Gründung des Staates Israel **69**
Der Kampf gegen die britische Besatzungsmacht 70
Der erste arabisch-israelische Krieg 71

VERTIEFUNGEN

Kampf um Jerusalem 74
Die neue Welt 77
Frauen in Zeiten der Umbrüche 80
Hofjuden 88
Der Kampf ums Recht 92
Wegbereiter der Moderne 99
Der »Manager des Völkermords« 113

ANHANG

Glossar 119
Literaturhinweise 128

GRUNDRISS

DAS HEILIGE LAND

Vor etwa dreitausend Jahren entsteht in jener Region, die wir heute Naher Osten nennen, der Glaube an den Einen Gott, Schöpfer der Welt und Herr der Geschichte, und damit eine neue Religion: das Judentum. Am Berg Sinai, so die biblische Überlieferung, hat Er sich offenbart und Mose das Gesetz für Sein Volk, die Tora, übergeben. Ihr Herzstück sind die Zehn Gebote.

Die **Tora** wird über Jahrtausende hinweg Grundstein des Glaubens und einigendes Band des Judentums sein. Ihre Erzählungen, ihre Mythen, ihre Vorschriften, die den Gottesdienst betreffen wie den Alltag, geben dem Leben und der Geschichte des Volkes Israel eine Ordnung. Durch Feste und Feiertage, Rechtsordnung und Familienleben, Kleidung, Haarschnitt und Speisen sollen sich die Israeliten von den sie umgebenden Völkern unterscheiden und für alle Welt erkennbar machen, dass sie von Gott als seine Bundesgenossen auserwählt und dadurch mit einer besonderen Verpflichtung betraut worden sind. → S.15

Damit bekennt sich eine Gruppe erstmals zu einem einzigen, zudem unsichtbaren Gott; sein »Angesicht soll man nicht sehen« (2. Mose 33:23) dürfen, kein Bild darf von ihm gemacht werden. Er ist ein Gott, der »keinen anderen Gott« neben sich duldet – gegenüber der herrschenden Vielgötterei anderer Religionen ist dieser Monotheismus eine geistige Revolution. Fortan sehen sich jene, die diesem Gott dienen, als Sein erwähltes Volk und Ihm durch einen unauflösbaren Bund zur Treue verpflichtet – eine Verantwortung, die ihnen im Laufe ihrer wechselvollen Geschichte Prüfungen auferlegt, denen sie nicht immer gewachsen sind.

Den wiederholten Abfall vom Glauben kann selbst die Gründung eines bedeutenden Zentralheiligtums, des Tempels in Jerusalem, nicht verhindern. Erst nach seiner Zerstörung und der Auflösung des von

Das Heilige Land

den Priestern geleiteten Opferdienstes beginnt mit dem rabbinischen Judentum aus der Krise heraus eine Erneuerung, die den bis dahin überwiegend mündlich überlieferten Glauben durch eine Fülle religiösen Schrifttums sichert – auch bei den dann schon aus dem Heiligen Land vertriebenen Israeliten. Die Glaubenstreue bemisst sich jetzt an der Einhaltung der verbindlichen Regeln einer
→ S. 22 »Buchreligion«; an die Stelle des Priesters tritt der *Rabbi*, der Lehrer, an die Stelle des Opferdienstes die den *Mizwot*, den Geboten und Verboten der Tora, folgende Lebensführung. Wer sich der Tora unterstellt, darf auf den »ewigen Frieden« und die Erlösung von allem Leid hoffen, die der »Messias« bringen wird, Gottes Gesandter vor dem Ende der Zeit.

Im Laufe ihrer Geschichte gründen die Israeliten Reiche und verlieren sie wieder – durch Eroberung und Krieg, Flucht und Vertreibung, aber auch durch innere Kämpfe und Uneinigkeit. Juden heißen sie erst, nachdem zehn ihrer zwölf Stämme zerschlagen und nur das einstige Reich Juda durch Unterwerfung unter die Fremdherrschaft erhalten bleibt. Nun gibt es nur noch die Judäerm und bald nennen sich alle, auch jene, die ins Exil getrieben wurden, *Juden,* von *yechud,* sich vereinigen.

Jahrhundertelang leben sie – über die ganze Welt verstreut – in der Diaspora, die zum Grundmerkmal der jüdischen Geschichte wird. In der Fremde bilden sich unterschiedliche Brauchtümer, andere Struk-
→ S. 45, S. 50 turen der Gemeinde heraus: das **sefardische** und das **aschkenasische**
→ S. 59 **Judentum** und die Frommen Aschkenasim, die **Chassiden**. Der immerwährende Gedanke an eine Rückkehr – »nächstes Jahr in Jerusalem«, im Leben der meisten Juden ein Ort, den sie nie gesehen haben, der aber vielleicht gerade deshalb zu einem Gemeinschaft stiftenden Symbol werden konnte – hilft ihnen, Vertreibungen, Ausweisungen, Pogrome im Laufe ihrer Geschichte zu überleben, bis sie in dem Heiligen Land, das ihnen ihrer Überlieferung nach von Gott verspro-
→ S. 70 chen worden war, einen neuen Staat aufbauen: **Israel**.

DIE BIBLISCHE ZEIT

Wo und wann entsteht der Glaube an den Einen Gott Jahwe? Wer war jenes Volk Israel, das Mose aus Ägypten führte und auf die Gebote der Tora verpflichtete? Das den »Exodus«, den Weg aus der Sklaverei, im Laufe seiner Geschichte immer wieder als Verheißung auf Heimkehr deutete? Das der legendäre **König David**, von dem der erwartete Messias abstammen soll, in einem Reich versammelte, dessen Mythos vom starken Reich noch den von den Zionisten formulierten Traum vom eigenen »Judenstaat« nährte? Das nach den Kriegen mit den Römern, als ihm das Heilige Land genommen wurde, auch ohne Territorium durch eine umfassende Erneuerung des Glaubens zu überleben lernt?

→ S. 8

Der Bund

Alles beginnt damit, dass an Abram, der sich später Abraham nennen wird, Gottes Gebot ergeht, aus seiner chaldäischen Heimatstadt Ur, im mesopotamischen Zweistromland zwischen Euphrat und Tigris gelegen, nach Kanaan – später Palästina genannt – aufzubrechen: »Gehe aus deinem Vaterland und von deiner Verwandtschaft und aus deines Vaters Hause in ein Land, das ich dir zeigen will.« (1. Mose 12) Dort bietet Gott ihm einen »ewigen Bund« an: »Ich will dich über alle Maßen fruchtbar machen und dich zu Völkern werden lassen, und Könige sollen von dir abstammen. Ich richte meinen Bund auf zwischen mir und dir und deinen Nachkommen. Und ich gebe dir und deinen Nachkommen das ganze Land Kanaan zu ewigem Besitz.« Auf dieser Verheißung gründet der Anspruch der Juden auf das Heilige Land. Zum Zeichen der ewigen Erneuerung an den mit Gott geschlossenen Bund soll jeder männliche Abkömmling beschnitten werden. Bis heute ist die ***Brit Mila***, die Beschneidung acht Tage nach der Geburt, das Ritual der Aufnahme in das Judentum.

→ S. 40

Die biblische Zeit

In der fruchtbaren Kulturlandschaft lassen Abraham und seine Frau Sara sich nieder. Beide fragen sich verwirrt, wie sich Gottes Versprechen auf Nachkommen wohl erfüllen solle, bisher haben sie keine Kinder zeugen können. Nur von Saras Magd Hagar, der Ägypterin, wird Abraham anfänglich ein Sohn geschenkt: Ismael. Von ihm, Abrahams Erstgeborenem, leiten die Muslime ihre Abstammung ab, so wie Abrahams Zweitgeborener, Isaak, der Vorfahr jedes Juden ist – Söhne Abrahams sind beide, die Juden wie die Muslime.

Als zwei Menschenalter später eine verheerende Hungersnot ausbricht, fliehen Abrahams Nachkommen nach Ägypten. Sein Enkel Jakob hat sich inzwischen auf Gottes Geheiß in »Israel« umbenannt: Dieser Name wird seinen Nachkommen von nun an zugehören. Jakobs Söhne, die Ahnherren der zwölf Stämme Israels – Ruben, Simeon, Levi, Juda, Dan, Naftali, Gad, Ascher, Issaschar, Sebulon, Josef, aus dessen Zweig Efraim und Manasse hervorgehen, und Benjamin – sind die »Kinder Israels«. Dort, in Ägypten, müssen sie Fronarbeit für den Pharao leisten und geraten in jene Knechtschaft, aus der Mose sie 800 Jahre später herausführt. »Gesehen habe ich das Elend meines Volkes«, lässt Gott ihn wissen. »So bin ich herabgestiegen, es zu erretten ... und es hinaufzuführen in ein Land, das von Milch und Honig fließt.« Er, Mose, sei dazu auserkoren, diesen »Exodus« anzuführen: Am Anfang von Israels Geschichte steht die Befreiung von staatlicher Unterdrückung und Sklaverei.

Mose und die Offenbarung

Der mächtige Pharao weigert sich, die Israeliten ziehen zu lassen. Auch die Plagen, die Gott zur Strafe schickt, stimmen ihn nicht um – bis ein Würgeengel alle Neugeborenen in den Häusern der Ägypter tötet, während die mit dem Blut von Lämmern markierten Hütten der Israeliten verschont bleiben. Bis heute wird diese »Nacht der Verschonung« von den Juden jährlich als **Pessachfest** gefeiert.

→S.35

Mose und die Offenbarung

Unter Führung von Mose gelingt im Schutze der Nacht der Exodus aus der ägyptischen Knechtschaft. Auf wunderbare Weise rettet Gott die Israeliten vor den ägyptischen Verfolgern: Vor ihnen teilt sich das Wasser des Schilfmeeres, über den Streitwagen des Pharao hingegen schlägt es wieder zusammen. In der Wüste, am Fuße des mächtigen Berges Sinai, so hat Gott Mose wissen lassen, werde er sich offenbaren und einen Bund schließen, der Ihn zum Gott Israels und Israel zu Seinem Volk macht.

Ein Donnern und Blitzen erhebt sich im Morgengrauen, und »mächtiger Posaunenschall« ertönt, so dass »das ganze Volk im Lager erschrak«, der Sinai, auf den der Herr »im Feuer herabgefahren war«, erbebt, während Gott mit Mose redet: »Wenn ihr auf meine Stimme hört und meinen Bund haltet, so sollt ihr vor allen Völkern mein Eigentum sein (...), ein heiliges Volk.« Sofern die Israeliten streng nach seinen Regeln lebten, verspricht Gott, werde er sie schützen und segnen. Und diese Regeln übergibt er nun Mose: die Tora, Gottes Wort, das »Sakrament« des Judentums – Hauptquelle jüdischen Rechts, jüdischer Ethik und Wegweiser für eine gottgefällige Lebensführung.

Zwei Jahre lagern die Israeliten am Berge Sinai. Das Gelobte Land, in das Gott sie führen will, ist ein umkämpfter, fruchtbarer und üppiger Landstrich an der östlichen Mittelmeerküste. Dort und in seiner Umgebung leben starke, zahlenmäßig überlegene und wehrhafte Völker – Hethiter, Amoriter, Kanaaniter. Zehn der zwölf von Mose ausgesandten Männer, die das Land auskundschaften, halten es nicht einmal mit Gottes Hilfe für möglich, gegen diese Übermacht zu bestehen. So dauert es noch einmal 38 Jahre, bis das Volk Israel die Grenze zu jenem Land namens Kanaan erreicht, das Gott ihm verheißen hat. Nur bis hierhin, an die Ufer des Jordan, kann Mose die Israeliten führen. Gott hält seine Zeit für gekommen. Mose hat seine Aufgabe erfüllt: Er hat die Stämme Israels aus der ägyptischen Knechtschaft geführt, ihnen den Glauben an den Einen Gott gegeben und Seine Gesetze in Kraft gesetzt, wie sie für die Juden bis heute Gültigkeit haben. Ihm hat sich der »Gott Abrahams, der Gott Isaaks und der Gott Jakobs« (2. Mose 3:15) unmittelbarer als anderen offenbart, unter allen Propheten nimmt er deshalb den ersten Rang ein; die nun anstehenden Eroberungen sollen andere anführen.

Davids Reich

Unter Führung von Josua, Moses' Nachfolger, überqueren die Israeliten den Jordan, um das Land ihrer Stammväter wieder in Besitz zu nehmen. Sie erobern große Teile Kanaans und teilen sie anschließend unter den zwölf Stämmen auf, die ihre Territorien, um verteidigungsfähiger zu werden, zu größeren Einheiten zusammenschließen – Israel im Norden, Juda im Süden. Beide bleiben in den kommenden Jahrzehnten durch äußere Feinde und durch innere Streitigkeiten bedroht. Erst David aus dem Hause Juda, »ein Mann nach Jahwes Herzen« (1 Sam 13:14), gelingt es, alle Gegner, sogar die mächtigen Philister, zu bezwingen und die Stämme Israels zu einem Reich zu einen.

David, so glauben die Archäologen heute zu wissen, wird vermutlich 1034 v. d. Z. in Bethlehem als jüngster Sohn eines wohlhabenden Judäers geboren und regiert in der Zeit zwischen 1004 bis 964 v. d. Z.. Zu der Zeit herrscht der glücklose König Saul aus dem Stamm Benjamin über das Reich; an seinen Hof wird David gerufen und erweist sich bald als siegreicher Heerführer. Als er einige Jahre später bei dem König in Ungnade fällt, ist er dank seiner militärischen Erfolge bereits einer der mächtigsten Männer im Land, der seine Anhänger in der Stadt Hebron versammelt und sich dort nach Sauls Tod zum neuen König salben lässt, dem sich die zerstrittenen Stammesführer unterwerfen. So kann David alle Landesteile, Israel und Juda, zu einem mächtigen Königreich vereinen – das erste israelitische Reich der Geschichte. Seine neue Hauptstadt wird Jerusalem, bis dahin eine kleine Stadt in den Bergen, zwischen Juda und Israel gelegen, die jetzt aber eine ganz neue strategische Bedeutung gewinnt. Dorthin wird die Bundeslade gebracht und damit wird die »Stadt König Davids« zum religiösen Herzen des Reiches. An der Stelle, die schon David als Opferplatz gedient haben soll, errichtet sein Sohn Salomo am Berg Zion den prachtvollen ersten Tempel.

Die andauernden Spannungen zwischen den zu Juda und den zu Israel gehörenden Stämmen aber kann auch Salomo nicht überwinden. Nach seinem Tod (um 926 v.d.Z.) zerbricht das Reich wieder: Zehn der zwölf Stämme begehren auf und schließen sich erneut zu einem eigenen Königreich Israel im Norden des Landes zusammen. Nur die Stämme Juda und Benjamin halten weiterhin zu Salomos Nachfolger Rehabeam und gründen im Süden um die Hauptstadt Jerusalem das Königreich Juda. Um 722 v.d.Z. wird der Norden schließlich von den Assyrern erobert; die Angehörigen der zehn rebellischen Stämme Israels, die sich den Eroberern entgegenstellen, werden deportiert, zersprengt oder gehen unter. Das Südreich Juda hingegen zollt den Assyrern Tribut und beugt sich der Fremdherrschaft – fortan wird es nur noch die Abkömmlinge Judas geben: die Juden.

Das Babylonische Exil

Um 597 v.d.Z. werden die Judäer von den Babyloniern unterworfen, ihr König und Teile der Oberschicht nach Babylon deportiert. Zehn Jahre später rebellieren sie und verlieren dabei ihr zentrales Heiligtum: Die Truppen des babylonischen Königs Nebukadnezar rauben die Opfergeräte aus dem Heiligen Tempel und stecken ihn in Brand, der auch den Thronsitz Jahwes sowie die Bundeslade mit den Zehn Geboten verschlingt. Jerusalem liegt in Schutt und Asche. Viele seiner Bewohner müssen den Weg ins babylonische Exil antreten. Damit endet das Reich, das David schuf.

In Nebukadnezars Reich formiert sich im Laufe der Zeit die erste große jüdische Gemeinde außerhalb des Heiligen Landes, die in den

Die biblische Zeit

folgenden Jahrhunderten einen großen Einfluss auf das Judentum nehmen wird. Das Babylonische Exil wird zu einer der fruchtbarsten
→ S. 17 Zeiten der jüdischen Theologie. Der **Talmud**, der dort entsteht, wird neben der Tora das zweite heilige Buch der Juden.

Nicht alle aber halten dem Bund mit Gott, dem Einzigen, die Treue. Viele haben bald ein gutes Auskommen, einige steigen sogar in hohe Ämter am Hofe oder im Militär auf, assimilieren sich und folgen dem fremden Kult der Babylonier. Propheten – Mahner, Warner oder Heilskünder – erheben in dieser Zeit ihre Stimme; Ezechiel etwa, der Gott auf dem Thronwagen in die Fremde ziehen sieht. Gott ist also auch hier, in der Fremde, gegenwärtig, er hat sein Volk nicht verlassen. Diese Interpretation ihrer Erfahrung verhilft den Exilanten zu einer »Universalisierung« ihres Gottes und bestärkt sie in ihrem Monotheismus: Es gibt nur den Einen, den Ewigen, der überall und für alle »zuständig« ist. Und aus dieser Einsicht erwächst neue Zuversicht: Wie einst beim Auszug aus Ägypten wird Er sein Volk noch einmal befreien und heimführen, sofern Seine Weisungen beachtet werden. Die Übertragung der alten geschichtlichen Erzählungen auf die Deutung von Gegenwart und Zukunft wird zu einem Paradigma jüdischen Denkens, das die Hoffnung auf Rückkehr in die Heimat festigt. Aber die Gabe des Gelobten Landes ist keine Selbstverständlichkeit, sondern an den Gehorsam gegenüber dem Ewigen gebunden: Gott hat Seinem Volk mit der Vertreibung eine Prüfung auferlegt, weil es die Gebote der Tora missachtet und die Bräuche von Fremdvölkern übernommen hat – bestehen wird sie nur, zu diesem Schluss kommen Weise und Gelehrte, wer auch in der Fremde, ohne den heiligen Tempel, konsequent der Tora folgt.

Und so beginnen sie mit der Verschriftung der Teile ihrer Religion, die bisher nur mündlich tradiert wurden: grundlegende Abschnitte der Tora, die Geschichten um die Erzväter, um David und Salomo, die düsteren Worte der Propheten wie auch ihre Hoffnungsbotschaften, die von der Gnade Jahwes künden und von der Heimkehr ins Heilige

Land. **Sabbat** und Beschneidung, alte Bräuche, die man auch fern der →S.30
Heimat praktizieren kann, werden zu Zeichen des Bundes mit Gott. Nicht mehr das Opfer und der Tempel in Jerusalem stehen im Mittelpunkt, sondern Rechtsordnungen und Gebote, deren Beachtung das »Haus Israel« zusammenhält und den Juden ermöglicht, in dem Vielvölkergemisch Babylons eine eigene Identität zu bewahren.

Als der Perserkönig Kyros 539 v. d. Z. Babylonien erobert und den Judäern die Rückkehr ins Gelobte Land erlaubt, ziehen Tausende heim und beginnen ab 515 v. d. Z. mit dem Aufbau des Zweiten Tempels. Sie genießen Religionsfreiheit und können ihren kleinen Staat weitgehend selbst verwalten. Daran ändert sich auch nichts, als die Griechen unter Alexander dem Großen die Perser besiegen. Aber nach Alexanders frühem Tod im Jahre 323 v. d. Z. wird das Gebiet Juda von den Seleukiden besetzt und dem Königreich Syrien eingegliedert. Der Tempel wird geschändet, gesetzestreuen Juden, die den Sabbat feiern oder ihre Kinder beschneiden lassen, droht der Tod. Erst der Aufstand der »Frommen« 167 v. d. Z. unter Führung des Judas Makkabäus und seiner kleinen Schar bewaffneter Widerständler, ermöglicht ihnen wieder, ihre religiösen Eigenheiten und ihre nationale Unabhängigkeit für fast ein Jahrhundert zu behaupten. Die Wiedereinweihung des Tempels wird bis heute mit dem *Chanukkafest* gefeiert. →S.37

Judäas Ende

Ab 63 v. d. Z. erobern die Römer Palästina. Wer sich den Prokuratoren entgegenstellt, bekommt die grausame Härte der Statthalter Roms zu spüren – Hunderte Juden werden zum Tod am Kreuz verurteilt. Die Untergrundbewegung der Zeloten mobilisiert gegen die Besatzer, aber im Jahr 70 n. d. Z. erobern die Römer auch die letzte Bastion des Widerstands, Jerusalem und den Tempelbezirk. Sie **plün-** →S.74
dern das Heiligtum und brennen es nieder. Der Tempel wird nie wieder aufgebaut.

Aber die Judäer geben nicht auf: Als Kaiser Hadrian 132 n. d. Z. ein Beschneidungsverbot verfügt und den Bau eines Jupitertempels auf dem Tempelberg ankündigt, kommt es unter Führung von Simon bar-Kochba, von einigen als lang erwarteter Messias verehrt, erneut zum Aufstand gegen die Römer, der nach zwei Jahren mit einer Niederlage der Juden endet. Jerusalem verliert seinen Namen; den Juden ist es unter Androhung der Todesstrafe verboten, die Stadt je wieder zu betreten. Die Römer tilgen den Namen Judäa und nennen die Provinz fortan Syria Palaestina. Mit dieser Umbenennung soll das Anrecht der Juden auf das Land ausgelöscht werden. Das bedeutet für fast zwei Jahrtausende das Ende eines jüdischen Reichs auf eigenem Boden – nicht aber das Ende des Judentums, das lernt, auch ohne staatliches Territorium, in der Diaspora zu überleben.

Die Glaubensspaltung

Viele, die den Krieg mit den Römern überlebt haben, folgen den römischen Legionen nach Westeuropa, auch ins römische Kernland, nach Italien. Eine der größten jüdischen Gemeinden wächst in Rom heran, wo in der zweiten Hälfte des ersten Jahrhunderts eine innerjüdische Entwicklung zu einer folgenschweren Glaubensspaltung führt.

Ein Jude namens Paulus, vermutlich in Tarsos (heute Türkei) geboren und von den späteren Christen als Apostel verehrt, kommt in die Stadt am Tiber, um in den jüdischen Diasporagemeinden Anhänger für Gottes Mensch gewordenen Sohn, Jesus von Nazareth, zu gewinnen, den Pontius Pilatus als »König der Juden« ans Kreuz geschlagen hat. Die meisten Juden weigern sich, dem neuen Glauben der als jüdische Sekte erachteten Missionare zu folgen. Die »Christen«, wie sich die Anhänger der neuen Religion bald nennen, haben dennoch großen Zulauf und fordern damit die Mächtigen des Römerreiches heraus, lehnen sie doch jeden weltlichen Machtanspruch ostentativ ab und stellen so die Autorität der Staatsmacht in Frage. Darauf reagiert der römische Staat mit einer Welle von Gewalt: Tausende verlieren ihr Leben. Die rasante Ausbreitung des neuen Glaubens im gesamten Reich lässt sich dennoch nicht aufhalten. Konstantin, römischer Kaiser von 324 bis 337 n. d. Z., lenkt schließlich ein und gewährt den Christen Religionsfreiheit. Im 4. Jahrhundert wird das Christentum Staatsreligion im Römischen Imperium.

Die Christen sehen sich als neue Herren des Landes. Ihre Kirchen und Klöster errichten sie in der Nähe von Jesu Lebens- und Leidensstationen, in der Stadt Jerusalem und in Galiläa, wo sie die dortigen jüdischen Siedlungen mehr und mehr bedrängen. Noch ist die jüdische Religion im Imperium Romanum eine *religio licita*, aber die Übergriffe auf die Juden und ihre rechtliche Diskriminierung nehmen zu. In den folgenden Jahrhunderten wird die christliche Kirche zu ihrem unversöhnlichen Gegner.

DIE ERNEUERUNG DES GLAUBENS

Nach der Verwüstung des Heiligen Landes bildet sich im Zweistromland, von wo Abraham dereinst aufbrach und wohin Nebukadnezar nach der Zerstörung Jerusalems die jüdische Elite deportierte, ein intellektuelles Zentrum des Judentums heraus – in den babylonischen wie auch in den palästinensischen Lehrhäusern entstehen die Texte, die im Laufe der nächsten Jahrhunderte zum Fundament des jüdischen Glaubens werden. In den galiläischen Städten Uscha und Jawne beginnt man im 2. Jahrhundert, Gesetze und Überlieferungen aufzuschreiben. So entsteht die auf Hebräisch geschriebene und von Jehuda ha-Nassi redigierte *Mischna* in Palästina, die in den nächsten Jahrhunderten durch die *Gemara* der Gelehrten in Babylonien »vollendet« wird – beide zusammen bezeichnet man als *Talmud*.

Die Erneuerung des Glaubens

Der Aufstieg der Rabbiner

In dieser Zeit des Niedergangs, da der Tempel zerstört, seine Kultgegenstände von den Siegern nach Rom entführt, die Gemeinden oft bis an die äußersten Ränder des Römischen Reiches versprengt sind, wächst den Rabbinern eine ähnlich herausragende Bedeutung zu, wie sie vordem die Priester hatten. Sie füllen die »Führungslücke«, ohne allerdings priesterliche oder sakrale Funktionen zu übernehmen. Ihnen fällt die Aufgabe zu, angesichts der wachsenden Zersplitterung das Wissen des Judentums, Traditionen und Lehrstoff, für die Nachwelt zu retten und festzulegen, welche Gebote und Verbote der mündlichen Überlieferung verbindlich sind und dieses ergänzende religiöse Gesetzeswerk neben der Tora als Grundlage für Glaubensfragen durchzusetzen. Sie wachen über die Rechtmäßigkeit der Auslegung von Tora und Talmud, verankern sie durch Studium und halachische Rechtsprechung im Volk und entwickeln sie, angesichts der vielen Neuerungen, auf die das Leben in der Diaspora stößt, durch Aktualisierungen und Kommentierung stetig weiter. So geben sie an Stelle der Priester ihren Glaubensbrüdern wieder Zuversicht und Vertrauen in die Zusage Gottes, sie auch im tiefsten Elend nicht zu verlassen. Das tägliche Opfer im Tempel, bisher stellvertretend für das Volk von den Priestern vorgenommen, wird durch

→S.25 das Gebet, das **Schma Israel**, ersetzt und die Tora der Gemeinde regelmäßig vorgelesen.

→S.23 Dazu braucht es einen Ort der Versammlung: **Synagogen** werden gebaut, in denen die Gemeinde zusammenkommt, um dem Vorbeter zuzuhören. An die Stelle des heiligen Ortes tritt jetzt eine heilige Zeit. Alle sieben Tage sollen Mensch und Tier das Arbeitsleben ruhen lassen; so entsteht als neuer Gottesdienst die *Sabbatfeier* – ursprünglich das Vollmondfest am Jerusalemer Tempel. Auch der gesamte

→S.28 Komplex der **Kaschrut**, die körperliche und häusliche Reinheit, für den vordem die Priester Sorge trugen, muss jetzt alltagstauglich gemacht werden, denn die Beachtung dieser Gebote ist es, die alle Juden von Andersgläubigen unterscheidet.

So vollzieht sich in der Stunde des drohenden Untergangs eine umfassende Erneuerung des Glaubens – an die Stelle des Staates tritt das Buch. Wo immer Juden leben, vermitteln Bibel und Talmud die Grundlagen des Glaubens.

Gottes Wort: Die Tora

Die Tora – hebräisch für Lehre oder Unterweisung – ist das Kernstück der Hebräischen Bibel. Sie gilt, trotz aller Auslegungsunterschiede zwischen den verschiedenen Richtungen des Judentums, die sich im Laufe seiner Geschichte entfalten werden, allen Juden als Gottes Wort, das ihnen offenbart wurde und dem sie gehorchen.

Die fünf Bücher Mose, verfasst im 5. und 4. Jahrhundert v. d. Z., sind das Allerheiligste der hebräischen Bibel (Tanach), die *schriftliche Tora*. Sie sind benannt nach ihren Anfangsworten Bereschit (griech.:Genesis): »Im Anfang«; Schemot (Exodus): »Dies sind die Namen«; Wajikra (Leviticus): »Und er rief«; Bamidbar (Numeri): »In der Wüste« und Dewarim (Deuterononium): »Dies sind die Wörter.« Sie werden auch Pentateuch, abgeleitet vom griechischen Wort *pente*: fünf, genannt, und erzählen von der Schöpfung und von den Erzvätern Abraham, Isaak und Jakob, von dem Auszug aus Ägypten, der Offenbarung am Sinai und der Wanderung der Israeliten bis zur Landnahme im Heiligen Land Kanaan. In diese Überlieferung sind 613 Vorschriften (Mizwot) des Judentums eingebettet – 248 Gebote und 365 Verbote, die der Mensch sowohl gegenüber Gott, aber auch seinen Mitmenschen gegenüber zu befolgen hat. Die wichtigsten sind die Zehn Gebote.

Neben den fünf Büchern Mose zählen zur Tora auch noch andere Bücher. Die Bücher mit dem Namen Newiim (Die Propheten), die im 3. und 2. Jahrhundert v. d. Z. kanonisiert wurden, enthalten die Botschaft der Propheten – Gottesworte, Mahnungen, Belehrungen, aber auch ein anschauliches Bild der Zeit, berichten sie doch von der Kritik an der jeweiligen politischen Herrschaft, dem Glaubensabfall der Israeliten, ihrer Huldigung fremder Kulte, dem Mangel an sozialer Gerechtigkeit. Der dritte Teil, der aus der Zeit des Babylonischen Exils stammt oder noch späteren Ursprungs ist, trägt den Namen Ketuwim (Die Schriften), hierzu gehören u. a. die Psalmen, die Sprüche, die Klagelieder, die Prediger, das Buch Ester, aus dem zu *Purim* vorgelesen wird, und andere. Das Akronym TaNaCh steht für Tora, Newiim und Ketuwim, die zusammen die Hebräische Bibel bilden.

Die Torarolle
In ihrer gegenständlichen Form ist die Tora ein mit einem kostbaren Mantel umhülltes und um zwei Stäbe gerolltes Pergament mit den Texten der fünf Bücher Mose, *Sefer Tora* genannt. Die Rolle wird von einem Sofer, einem dafür ausgebildeten Schreiber, der sich jeden Morgen vor der Arbeit den rituellen Reinigungsvorschriften unterziehen soll, handschriftlich mit einem Gänsekiel – aus Metall darf die Feder nach strenger Auffassung nicht sein – auf Pergament festgehalten. Das Pergament wird aus der Haut rituell reiner Tiere, die Tinte aus pflanzlichen Farbstoffen gewonnen, sie muss aber schwarz sein. Jeder Buchstabe ist in seiner Schreibweise festgelegt. Fehler machen die Rolle für den rituellen Gebrauch untauglich, wo sie entstehen, müssen sie sorgsam nach einem bestimmten Ritual getilgt werden.

Jede jüdische Gemeinde besitzt mindestens eine Torarolle. Wenn die meist üppig verzierte und mit einer Krone (*Kether*) oder je nach Anlass mit einem speziellen Aufsatz (*Rimonim*) versehene Torarolle aus der heiligen Lade genommen wird, einem hölzernen Schrein, der an einer Wand Richtung Jerusalem steht, erhebt sich die Gemeinde. Im Gottesdienst, an allen Sabbat- und Feiertagen, aber auch an jedem Montag und Donnerstag, die dereinst Markttage wären, wird aus der Tora »gelesen«, um das Volk mit dem Text vertraut zu machen.

Der Tradition entsprechend wird eine neue Torarolle unvollendet in eine Synagoge gebracht, es fehlen die letzten zwölf Buchstaben des 5. Buches Mose (»Vor den Augen von ganz Israel«), die erst in der Synagoge hinzugefügt werden. Diese »Vollendung« findet nach festgeschriebenen Regeln in einer Feierstunde statt. Und es ist eine besondere Ehre für Rabbiner, Toraspender und bedeutende Persönlichkeiten, an dieser »Vollendung« teilzunehmen.

Die Rolle gilt als heilig, mit »unreinen« Händen darf man sie nicht berühren. Sie ist um zwei Stäbe gewickelt, die den Baum des Lebens (*Ez Chajim*) bilden. Ein Tuch, die *Mappa*, umhüllt sie, um das wiederum ein bestickter Mantel (*Me'il*) gewickelt ist. Als Lesehilfe verwendet man im aschkenasischen Judentum den Deuter (*Jad*), einen silbernen Stab, dessen Ende von einer Hand mit ausgestrecktem Zeigefinger gebildet wird; die Sefarden deuten mit einem Tuch oder mit den Schaufäden des Gebetsmantels auf den Text.

Manche Rollen sind mehrere Hundert Jahre alt. Wenn sie unbrauchbar geworden sind, dürfen sie – wie alle Schriftstücke, die den Namen Gottes enthalten – nicht weggeworfen werden, sondern man bewahrt sie in einer *Genisa*, einem ummauerten Hohlraum in der Synagoge, auf oder begräbt sie mit den Toten auf einem jüdischen Friedhof.

Der Talmud

Im Laufe der Jahrhunderte wurde die Tora immer wieder neu ausgelegt, die Erkenntnisse der Rabbiner sind in verschiedenen Erzählungen (*Aggadot*) und Diskussionen (*Midraschim*) zusammengefasst. Diese Deutungen wiederum wurden abgeschlossen in der *Gemara* (Vollendung). *Mischna* (Wiederholung), die früheste kanonische Sammlung jüdischer Überlieferung, und Gemara, die Diskussion und Auslegung dieser Gesetze, zusammen ergeben den Talmud. Der Talmud ist neben der Bibel das zweite heilige Buch der Juden.

Mischna

Im engeren Sinne umfasst die Tora nur die fünf Bücher Mose (die schriftliche Tora). Alles, was darüber hinausgeht, zählt zwar zur Gesamtheit der an Mose ergangenen Offenbarungen Gottes, es sind aber Auslegungen der Propheten und anderer Lehrer des Volkes, die mündlich tradiert (mündliche Tora) und in den palästinensischen und babylonischen Lehrhäusern in der *Mischna* gesammelt wurden.

Unter Rabbi Jehuda ha-Nassi, der der neueren Forschung nach in der Zeit der römischen Besetzung etwa zwischen 150 und 220 gelebt haben könnte, gelang es, das kaum mehr überschaubare Material an mündlich überlieferten Kommentaren, Lehrsätzen und Auslegungen zu ordnen, zusammenzuführen und als verbindliche Grundlage für Richter und Lehrer zu verabschieden. So wie Gott Himmel und Erde in sechs Tagen schuf, so systematisierten Jehuda und seine Mitarbeiter die Welt für die Juden in sechs bis heute gültigen Ordnungen, die mit Traktaten (*Massechot*) und Lehrsätzen (*Perakim*) versehen wurden: *Seraim* (Saaten): Gebete und Gesetze zur Landwirtschaft; *Moéd* (Festzeit): Vorschriften zu den Fest- und Feiertagen; *Naschim* (Frauen): Ehe- und Familiengesetzgebung; *Nesikin* (Schädigungen): Zivil- und Strafrecht; *Kodaschim* (heilige Dinge): Opfer- und Schlachtbestimmungen; *Toharot* (Taugliche Dinge): Reinheitsbestimmungen.

Unter Rabbi Jehudas Redaktion entstand eine Mischna, die das breite und oft auch widersprüchliche Spektrum der damals vorherrschenden Meinungen unter den Gelehrten dokumentiert wie auch die jeweiligen Auffassungen der Minderheit berücksichtigt. Auch deshalb konnte sie in der von ihm überlieferten Form im Wesentlichen unverändert zum Bestandteil des seit zwei Jahrtausenden gültigen Talmuds werden – ohne diese Sammlung, nach der Tora das wichtigste Buch, könnte keine Diskussion über das jüdische Gesetz stattfinden.

Halacha

In der Diaspora wurde der Talmud um Kommentare und Erläuterungen ergänzt. Der wohl bedeutendste Talmudkommentator war Raschi, Rabbi Schlomo ben Jitzchaki. Seine Kommentare wurden wiederum ausgelegt, oder man versuchte, sie zu widerlegen. Einige enthalten klare Anweisungen, andere sind als Reflexionen, als Schilderungen von Begebenheiten oder als Streitgespräche zwischen zwei Rabbinern formuliert, die den Studierenden vor eine Aufgabe stellen. Diese Textstruktur – ein sich ständig, auch durch Widerspruch entfaltender Dialog, der über Jahrhunderte und über Kontinente hinweg entwickelt wurde – kennzeichnet das, was im Judentum als Lernen gilt.

Die Folgerungen und Konsequenzen aus diesem Material und aus weiteren rabbinischen Kommentaren bilden den jüdischen Gesetzeskodex, die Halacha (Schritt; Gesetzeslehre), die das gesamte Leben der Gläubigen betreffenden Verhaltensregeln. Während die Tora die 613 Gebote und Verbote (*Mizwot*), die Gott dem Volk Israel gegeben hat, nur aufzählt, sie weder begründet, noch etwas darüber sagt, wie man sie – auch unter verschiedenen und sich wandelnden Umständen – befolgen kann, liefert der Talmud mit seiner Sammlung der für verbindlich erklärten Kommentare und Lehrstoffe der rabbinischen Schulen eben dazu den Schlüssel. Mit seinen Materialien, Beispielgeschichten oder (oft fingierten) Diskussionen dient er den Rabbinern als Grundlage für praktische Fragen und wird durch weitere rabbinische Entscheidungen ständig ergänzt, vor allem zu Fragen, die in früheren Zeiten noch gar nicht virulent waren. So ist eine gewaltige Fülle von geradezu enzyklopädischen Erkenntnissen entstanden, eben alles, was Generationen von jüdischen Gelehrten für wissenswert erachteten. Es gibt kaum ein Thema, das der Talmud nicht behandelt – gleich ob Medizin, Naturwissenschaften, Handel und Gewerbe, Kunst und Kultur.

Eine reiche Literatur, die *Scheelot* und *Teschuwot* (Fragen und Antworten) – allgemein *Responsen* genannt – werden ebenfalls zur Interpretation des jüdischen Gesetzes herangezogen.

Schulchan Aruch und Mappa

Für orthodoxe Juden aus aller Welt ist der im 16. Jahrhundert entstandene Schulchan Aruch des Josef Karo das maßgebliche Kompendium, in dem Karo vier Felder des jüdischen Lebens definiert: *Onach chajim*, den Lebenspfad: die Pflichten im Alltag wie auch am Sabbat und an anderen Fest- und Feiertagen; *Jore Dea* (Er lehrt die Erkenntnis): die Ritualgesetze; *Ewen ha-Eser* (Stein der Hilfe): das Eherecht; *Choschen ha-Mischpat* (Schild des Rechts): das Zivilrecht.

Das Pendant aus der aschkenasischen Welt trug Moses Isserles aus Krakau zusammen und nannte sein Werk Mappa, »Tafeltuch«, das er auf Karos »Tisch« ausbreitete. Seit 500 Jahren konsultieren Rabbiner aus aller Welt diese beiden Werke, bevor sie ein Urteil über eine spezifische Frage zur religiösen Lebensweise abgeben.

Mizwot

Wer die Mizwot, die Gebote und Verbote der Tora, befolgt, wird nach jüdischer Auffassung nicht nur vor dem im irdischen Dasein nie gänzlich besiegbaren *Jezer ha-Ra*, dem »bösen Trieb«, geschützt sein, er wird für seine Gott gefällige Lebensführung auch reich beschenkt werden. »Wer eine Mizwa ausführt, dem werden die Tage verlängert und er erbt das Land«, sagen die Weisen. Für Mann und Frau ist es eine Mizwa, zu heiraten und Kinder zu zeugen. »Seid fruchtbar und mehret euch«, so steht es im ersten Buch der Tora geschrieben. Ein Vater ist gehalten, seinen Kindern die Verpflichtung zu guten Werken beizubringen, damit sie, wenn sie religiös volljährig sind, allen Mizwot selbständig nachkommen können. Das Verteilen von »Bletten«, Gutscheinen für eine Übernachtung und ein Essen bei einer jüdischen Familie, rettete die in Aschkenas aus den Städten aufs Land vertriebenen »Betteljuden«, die zu keinen Abgaben fähig waren und deshalb nirgends ein Aufenthaltsrecht erhielten; denn den Armen zu helfen, ist Mizwa. Jeder gläubige Jude muss jederzeit zu *Zedaka*, zur Gerechtigkeit oder Wohltätigkeit, bereit sein, sie ist Pflicht; nur an dem Tag der Beerdigung eines nahen Familienangehörigen ist er von allen Mizwot entbunden.

Palästinensischer und Babylonischer Talmud

In den jüdischen Lehrhäusern Palästinas wie Babyloniens wurden die Lehrsätze der Mischna im 3., 4. und 5. Jahrhundert von jüdischen Gelehrten und deren Schülern durch erläuternde und kritische Erörterungen mit der Gemara »vollendet«.

Im 5. Jahrhundert entstand der Talmud des Landes Israel, der auch palästinensischer Talmud oder »Talmud Jeruschalmi« genannt wird. Hier, in Palästina, sind auch die *Midraschim* (abgeleitet von *darasch*: Forschung, Studium, auch Lehre) formuliert worden, die rabbinischen Auslegungen der hebräischen Schrift, die sich um die Klärung rechtlicher Fragen bemühen oder aus den alten Geschichten und Moralpredigten Lehren ziehen. Der Midrasch bietet Rabbinern, Toralehrern und Studenten einen gewaltigen Materialschatz, dessen Sammlung bis zum 13. Jahrhundert vervollständigt wurde.

Im 6. Jahrhundert haben die Talmudgelehrten in Babylon den Babylonischen Talmud (»Bavli«) herausgegeben, in dem Mischna und Gemara zusammengeführt wurden. Er ist umfangreicher als der palästinensische Talmud und hat sich gegenüber diesem als maßgebliche Quelle der *Halacha*, der den Lebensweg der Juden bestimmenden Vorschriften, allgemein durchgesetzt.

Die Halacha, der »Zaun«, den die rabbinischen Gelehrten um die Tora, den »Garten«, gezogen haben, ist eine eher streng und formalistisch geführte Auslegung des in der Mischna festgehaltenen mündlichen Gesetzes; hier werden die religiösen Pflichten und alle Aspekte des jüdischen Lebens und Tuns festgeschrieben. Die *Aggada* (Erzählung) hingegen ist der Sammelbegriff für den nichtreligiösen Teil des Talmud, der die rabbinische Literatur bis zum beginnenden Mittelalter umfasst; sie ist eher fabulierend und kennzeichnet die Gemara. Sie befasst sich nicht nur mit einem bestimmten Problem, sondern schildert oft auch die spezifischen Zeitumstände, enthält Anekdoten, Maximen, Erzählungen, philosophische und naturwissenschaftliche Traktate und auch die Biographien großer Rabbiner.

Der Rabbi und seine Gemeinde

Die Rabbiner sind für das Lernen zuständig, für das Studium und für die – in ständigem Gespräch mit Gleichgesinnten erarbeitete – Auslegung der Tora und der Gesetze. Das Tora-Lernen ist ein ständiger dialogischer Auseinandersetzungsprozess. Rabbi wird man durch stetes Studium, durch die Kenntnis des Talmuds, und durch die Ausbildung von Schülern, erst am Ende steht eine formale Ordination. So unterstehen den Rabbinern auch die Lehranstalten der Gemeinde. Die Talmudschule *Bet ha-Midrasch* (Lehrhaus), wo jeder Rabbi »seine« Schüler ausbildet, war der Synagoge oft direkt angeschlossen.

Das Wort »Rabbi« leitet sich aus dem hebräischen »Rau« ab und bedeutet »mein Lehrer«, »mein Meister«. Das sefardische Wort für den *Rebbe* ist auch *Hacham* (Weiser). Im Ostjudentum kannte man überdies die Tradition des Wanderpredigers, des *Maggid*, der keiner bestimmten Synagoge angehörte. Die Chassiden hingegen haben den *Zaddik*.

→ S. 40
→ S. 42, S. 43

Zu den Aufgaben des Rabbi gehört die Durchführung der **Bar Mizwa**, der **Hochzeiten**, der **Begräbnisse** und die Leitung des Gottesdienstes. Er ist nicht – wie ein christlicher Geistlicher – Prediger oder Seelenhirte, er wird nicht geweiht, sondern von Gelehrten autorisiert, er kann keine Sünden vergeben, er kann nur beraten – in allen alltagspraktischen Fragen oder Lebensentscheidungen – mögen diese Eheschließung, Scheidung, finanzielle Ansprüche, Geschäftsbeziehungen oder die Kaschrut, die Reinheitsgebote, betreffen. Dabei greift er auf die alten Quellen zurück und versucht in ihrem Geist – nicht zwingend nur nach ihrem Buchstaben – und auf der Basis der Präzedenzfälle ein Problem so zu klären, dass den gegenwärtigen Umständen

Rechnung getragen wird. Was zu tun ist, überlässt er aber dem Gewissen des Einzelnen, der sich direkt vor Gott zu verantworten hat. Denn das Judentum lehnt jedwede Mittlerschaft zwischen Gott und dem Menschen ab; es kennt deshalb auch weder den Sündenerlass, noch die Beichte oder eine Heiligenverehrung. Der Mensch muss sich für alles selbst verantworten, was er tut. Der Rabbi kann ihn dabei als Fachmann und Autorität für die Auslegung der Halacha, des jüdischen Religionsgesetzes, beraten. Größere Gemeinden hatten dafür einst einen eigenen Gerichtshof (*Bet Din*), an dessen Spitze der *Av Bet Din* steht, ein Kenner der Halacha.

Die finanziellen Belange der Gemeinde, Gemeindeabgaben, Marktaufsichten und der Unterhalt der Gemeindeinstitutionen wurden von angesehenen Mitgliedern des Gemeinderates ehrenamtlich besorgt.

Die meisten Rabbiner verdienten den Lebensunterhalt für sich und ihre Familie mit ihrer Hände Arbeit – sie waren Weinbauern, Handwerker oder Händler. Erst am Ende des Mittelalters wurden sie fest angestellte Gemeindebeamte, die ein Gehalt bezogen und eine freie Wohnung hatten oder für ihre Amtshandlungen eine Gebühr erhielten. Vor Übernahme ihres Amtes mussten sie Gehorsam gegenüber der Obrigkeit geloben. Gemeinderabbiner, von denen einige den Titel eines Oberrabbiners führten, wurden vom Gemeindevorstand eingestellt und unterlagen an etlichen Orten strikter Kontrolle.

Die Synagoge

Im Judentum bezeichnete die Synagoge einst das Zusammenkommen zu einem bestimmten Zweck, nicht das dafür benutzte Gebäude, so wie auch das griechische Wort synagogé Versammlung oder Gemeinde heißt. In den fünf Büchern Mose kommt ein solcher Ort nicht vor. Als Treffpunkt zum Gebet oder zum Verlesen oder Auslegen der Tora setzte sich die Synagoge erst im Babylonischen Exil durch, als Ersatz für den Tempel.

Aber auch vor der Zerstörung des Tempels gab es in Palästina die archäologisch belegten Synagogen in Gamala, Masada und Herodium, die schon damals so gebaut wurden wie heute – Gebetsrichtung gen Jerusalem. Unter den Pharisäern hatten Synagogen die Funktion einer religiösen Schule. Die hebräische Bezeichnung Beth Knesset für das »Versammlungshaus« oder auch der jiddische Begriff *Schul* verweisen noch auf die unterschiedlichen Funktionen der Synagoge. Denn im Gegensatz zu einer katholischen oder orthodoxen Kirche ist eine Synagoge kein sakraler Raum. Fast jeder Raum kann als Synagoge dienen, wenn er gewissen Anforderungen gerecht wird. Historisch konnten Synagogen in Privathäusern oder kommunalen Gebäuden beheimatet sein. Auch heute ziehen sich ultraorthodoxe Juden oft noch in *Schtiebel* (Stübchen), in abgesonderte Räume von Privathäusern, in Geschäfts- und Nebenräume großer Synagogen oder Gemeindezentren zur Gebetsandacht zurück.

In Gemeinden, die dem orthodoxen Ritus folgen, sitzen die Frauen im Gottesdienst von den Männern getrennt, oftmals auf einer Empore, der Frauenempore. In den meisten liberalen Reformgemeinden sind Frauen heute den Männern gleichgestellt – sie zählen beim *Minjan* mit, dem Kreis von zehn Anwesenden, die für einen Gottesdienst erforderlich sind, sie können zur Toralesung aufgerufen und Rabbinerinnen werden. Als die deutschen Reformjuden in der ersten Hälfte des 19. Jahrhunderts die Liturgie kürzten, Gebete in der Landessprache und Orgelmusik einführten, nannten sie ihr Gotteshaus zuweilen auch »Tempel«, aber viele Juden empfanden diese Bezeichnung als unpassend, da das Judentum historisch nur einen Tempel hat – in Jerusalem. Der unterschiedliche Wortgebrauch markiert die Grenze zwischen jenen, die festhielten an der Heimkehr nach »Erez Israel« und jenen, die den Gedanken an eine Rückkehr ins Heilige Land aufgegeben hatten und dort, wo sie lebten, ihre Heimat gefunden zu haben glaubten. Israel Jacobsons 1810 in Seesen erbauter »Tempel« sollte bezeugen, dass die Mitglieder seiner Gemeinde nicht länger auf die Wiederherstellung des Tempels in Jerusalem hofften, sondern hier ihr dauerhaftes Gotteshaus hatten.

Während der Gebetszeremonie wird die heilige Tora aus dem oft mit Samt ausgeschlagenem und immer von einem *Parochet*, einem reich verzierten Vorhang, verdeckten Toraschrank, dem *Aron ha-Kodesch*, gehoben, der an einer nach Jerusalem weisenden Wand steht. Vor dem Toraschrank hängt eine kleine Lampe (*Ner tamid*), die die Gemeinde an das ewige, das »beständige« Licht im Tempel erinnern soll.

Die Torarolle wird auf den *Almemor*, das Lesepult, gelegt. Eine *Menora* (siebenarmiger Leuchter) schmückt den Raum. Der Almemor, an dem der Vorbeter beim lauten Vorsagen oder Vorsingen der Gebete steht, befindet sich je nach Ritus in der Mitte oder vorn in der Synagoge.

Ursprünglich wurde die Funktion des Vorbeters von den Teilnehmern des Gottesdienstes selbst ausgeübt. Als sich jedoch die Liturgie ausweitete und besondere Kenntnisse nötig wurden, entwickelte sich das Vorbeten zum eigenständigen Beruf. Später trat es hinter dem Gesang zurück, und der Vorbeter entwickelte sich immer mehr zum Vorsänger, zum »Kantor«. Da er die Gemeinde beim Gebet vertritt, wurde ihm ein untadeliges Verhalten abverlangt. Eine Dienstordnung aus dem Jahr 1628 forderte von den Vorbetern, »daß sie sich von Frauengesellschaft völlig fernhalten, nicht spielen, außer Schach und Dame, und vermeiden, häufig aus der Gasse zu gehen«.

Das Gebet

Das *Schma Isra'el* (»Höre, Israel, der Herr ist unser Gott, der Herr ist einzig...«), das morgens und abends zu sprechen ist, die *Amida*, das Hauptgebet des Gottesdienstes, und das Totengebet *Kaddisch* sind die wichtigsten Gebete. Die Rezitation des Schma, das aus drei Textstücken der Tora besteht – aus dem Bekenntnis zur Einzigartigkeit

Gottes, zur Einhaltung Seiner Gebote und zur Erinnerung an den Auszug aus Ägypten – erfolgt vor der Amida und als vorbereitendes Gebet auf den Tod.

Der Gebetsmantel

Die Männer mussten feste Gebetszeiten und die vorgeschriebene rituelle Kleidung einhalten, zum Morgengebet die Gebetsriemen, in der Synagoge den Gebetsmantel anlegen. Die *Kippa*, das beim Beten vorgeschriebene Käppchen, wird von streng orthodoxen Juden oft während des ganzen Tages getragen.

Der *Tallit* (jiddisch Taliss), der für den Synagogenbesuch angelegte Gebetsmantel, ist eigentlich ein Tuch mit Schaufäden an allen vier Ecken, die aus je vier doppelten, also insgesamt acht Einzelfäden bestehen, die zu fünf Doppelknoten verknüpft werden. Jahrhundertelang war der Tallit nur Männern vorbehalten, heutzutage legen ihn – in konservativen und liberalen Reformgemeinden – auch Frauen an.

Zizit heißen die Schaufäden an den Ecken des »kleinen Gebetsmantels«, der oft unter einem Hemd oder Jackett hervorlugt. Ihr Ursprung lässt sich, ebenso wie der der Schaufäden des großen Tallit, auf das 4. Buch Mose zurückführen: »Rede zu den Kindern Israel und sprich zu ihnen, dass sie sich Schaufäden machen in die Zipfel ihrer Kleider« (4. Mose 15:37). Wenn fromme Juden das Schma in der Synagoge sprechen, küssen sie die Schaufäden bei jeder Stelle des Gebets, an der diese erwähnt werden.

Tefellin sind schwarzlederne Gebetsriemen und -kapseln, die vier kurze, auf Pergament geschriebene Toraabschnitte enthalten und von den Männern beim Morgengebet um den linken Arm und die Stirn gewickelt werden. Beim Anlegen verschlingt man die Bänder so miteinander, dass sie drei Buchstaben bilden: S für *Schin*, D für *Dalet*, I für *Jod* – gemeinsam ergeben sie das Wort Schaddai, einen der Namen Gottes.

Ritualgegenstände

Die Ritualisierung des Lebens gehört unabdingbar zur jüdischen Religion und hat über Jahrtausende den Zusammenhalt der in der ganzen Welt verstreuten jüdischen Gemeinschaft aufrechterhalten und immer wieder neu befestigt. Dazu gehören Feier- und Festtage wie der Sabbat oder das Pessachfest, die den Ablauf des Lebenszyklus' kennzeichnenden Einschnitte wie die Bar Mizwa, mit der ein Junge die religiöse Volljährigkeit erwirbt, die Form und Tradition von Gebeten, wie sie für den Alltag beispielsweise im *Siddur* (Anordnung, Aneinanderreihung) festgehalten sind, aber auch spezifische Ritualgegenstände, wie die Menora und die Mesusa.

Mesusa
Schaddai, Allmächtiger, steht auf dem Messingbehältnis, der *Mesusa*, die eine kleine Pergamentrolle mit zwei Toratexten enthält, und, dem Gebot aus dem 5. Buch Mose folgend, an den äußeren und inneren Türpfosten jüdischer Häuser angebracht wird. Einer dieser beiden Texte hält das Schma und das Gebot fest, Gott von ganzem Herzen zu lieben; der andere mahnt, Gottes Gebote zu beachten.

Menora
Im 2. Buch Mose heißt es: »Und mache einen Leuchter aus reinem Golde ... Und sechs Röhren sollen von seinen Seiten ausgehen, drei Röhren des Leuchters von der einen Seite und drei Röhren des Leuchters von der anderen Seite ... und mache seiner Lampe sieben ... .« So lautet die Anweisung für die Erstellung der *Menora*, die zum Symbol des Judentums geworden und auf den Grabsteinen jüdischer Frauen abgebildet ist, während die der Männer den Davidstern tragen. Es gibt die Menora als siebenarmigen Leuchter, wie er zur Zeit des Tempels benutzt wurde, und als achtarmige bzw. – mit dem *Schamasch* (Diener) – neunarmige *Chanukkia*.

Die Erneuerung des Glaubens

Kaschrut: Reinheits- und Speisegebote

Der Begriff stammt vom hebräischen Wort *kascher*: geeignet (jiddisch: koscher). Kaschrut umfasst die Regeln, die zu beachten sind, um »rein« zu bleiben. Am bekanntesten sind die Regeln für koscheres Essen. So dürfen Speisen kein Blut enthalten; Milch- und Fleischprodukte dürfen weder gleichzeitig verzehrt noch mit denselben Geräten zubereitet oder gemeinsam aufbewahrt werden – »koche nicht ein Böcklein in der Milch seiner Mutter«, heißt es in der Tora.

Nahrungsmittel, die nicht »koscher« sind, werden von streng gläubigen Juden nicht gegessen. Nicht koscher sind alle Kriechtiere, alle Fleisch- und Aasfresser sowie alle Tiere, die keine gespaltenen Hufe haben und nicht wiederkäuen (z. B. Schweine). Die Tiere müssen auf eine spezielle Weise geschächtet werden, damit sie weitgehend ausbluten. In den Schtetln des Ostens war dafür der *Schochet*, der rituelle Schächter, verantwortlich. Koschere Fische müssen Flossen und leicht zu entfernende Schuppen haben – Aale, Krebse und Muscheln sind verboten.

Im 19. Jahrhundert waren besonders diese Speisegesetze ein Quell ständiger Kontroversen: Für die deutschen Reformjuden waren die Kaschrut-Regeln überholt, sie hätten sich auf die Zeit des Tempels bezogen, seien aber kein integraler Glaubensbestandteil. Dieser Auffassung wollten sich die orthodoxen Rabbiner und die konservativen Gemeinden auf dem Lande nicht anschließen.

Mikwe

Das für Männer und Frauen getrennte Tauchbad gehört zum Synagogenkomplex, ist oft sogar Bestandteil des Bethauses. Beim Eintauchen in die Mikwe (Sammlung des Wassers) geht es nicht nur um die Beseitigung von Schmutz, sondern um eine rituelle Reinigung, um Läuterung, wie sie das 3. Buch der Tora gebietet; daher muss man auch vollständig ins Wasser eintauchen.

Die Mikwe ist bei vielen Anlässen gefordert, beispielsweise nach der *Nida* (Unreinheit) der Frau. Ausscheidungen gelten als unrein und erfordern ein rituelles Bad. Nach sieben »reinen« Tagen darf die Frau in die Mikwe eintauchen und den Segensspruch für die *Leil-Onata* sagen, die Nacht, in der sich ihr Mann ihr wieder nähern darf.

Auch am Vorabend des Versöhnungsfestes tauchen viele Juden in die Mikwe ein, um Körper und Geist für das feierliche Fasten und Beten zu reinigen. Der Sofer soll vor dem Schreiben der Torarolle in die Mikwe steigen.

Manche orthodoxe Juden tauchen auch Gefäße und Gerätschaften in die Mikwe, wenn zuvor Nichtjuden Speisen daraus serviert wurden oder wenn diese von Nichtjuden erworben wurden. Dabei sprechen sie den Segen Gottes, erst dann werden die Behälter im eigenen Haushalt verwendet.

Der jüdische Kalender

Das Judentum hat eine eigene Zeitrechnung, deren Beginn 3761 vor dem Jahr von »Christi Geburt« liegt. Diese Festlegung hat der »Vater« des jüdischen Kalenders, Rabbi Hillel II., um 330 n. d. Z. getroffen, indem er die in der Hebräischen Bibel aufgeführten Jahre seit Erschaffung der Welt zusammenzählte.

Der jüdische Kalender folgt der babylonischen Tradition, die Monate sind, entsprechend dem Mondzyklus, im Wechsel 29 und 30 Tage lang. Damit zählt das Jahr lediglich 354 Tage, elf Tage weniger als das »Sonnenjahr«. Um die Abweichung auszugleichen und ein Wandern der Monate durch das Jahr wie beim islamischen Kalender zu vermeiden, wird regelmäßig ein Schaltmonat eingefügt. Die Schaltung folgt einem höchst komplizierten Muster, die den religiösen Vorschriften verschiedener Feiertage geschuldet ist. So darf der Jahresanfang, der 1. Tischri, kein Sonntag, Mittwoch oder Freitag sein;

das Pessachfest, das immer am 15. Nisan einsetzt, darf weder am Montag noch am Mittwoch oder Freitag beginnen.

Das jüdische Jahr beginnt mit dem Monat Tischri (September bis Oktober, 30 Tage); dann folgen Cheschwan (Oktober bis November, 29 bzw. 30 Tage), Kislew (November bis Dezember, 30 bzw. 29 Tage), Tevet (Dezember bis Januar, 29 Tage), Schevat (Januar bis Februar, 30 Tage), Adar (Februar bis März, 29 Tage), Nisan (März bis April, 30 Tage), Ijjar (April bis Mai, 29 Tage), Siwan (Mai bis Juni, 30 Tage), Tammus (Juni bis Juli, 29 Tage), Aw (Juli bis August, 30 Tage), Elul (August bis September, 29 Tage).

Die Woche beginnt am Samstagabend und endet mit dem Sabbatabend. Außer diesem heiligen Feiertag tragen die übrigen Tage der Woche keine Namen, sondern werden durchnummeriert: Yom Rischon (Erster Tag), Yom Scheni (Zweiter Tag), Yom Schlischi (Dritter Tag), Yom Revi'i (Vierter Tag), Yom Chamischi (Fünfter Tag), Yom Schischi (Sechster Tag), Schabbat (Ruhe).

Der Sabbat

Auch die Unterteilung der Woche in sieben Tage ist auf babylonischen Einfluss zurückzuführen. Der siebte Wochentag war auch den Mesopotamiern als Ruhetag heilig. Sie nannten ihn *sibutu*, hebräisch: Sabbat.

»Sabbat Shalom« – so grüßen die Menschen einander am Freitagabend, wenn der Sabbat beginnt. Er ist ein »Vorgeschmack von der künftigen Welt«, denn am Sabbat, so eine spätere jüdische Überlieferung, werde dereinst der Messias erscheinen. An diesem Tag steht die Welt still, er ist eine Vorwegnahme messianischer Erneuerung, irdische Vorfreude auf das himmlische Jerusalem.

In sechs Tagen, so das erste Buch Mose (Genesis), hat Gott die Welt erschaffen. Und nachdem sein Werk vollendet war, hat Gott am siebten Tag geruht – so wie im alten Israel dem Feld nach sechs

Jahren Säens und Erntens ein Jahr der Ruhe gegönnt wurde, damit es sich erholen konnte. Einen solchen Ruhetag schreibt Gott im vierten Gebot nun auch den Menschen vor – nicht einmal in der Zeit des Pflügens und Erntens darf diese Mizwa ausgesetzt werden. Denn der Sabbat ist ein heiliger Tag, ein Geschenk Gottes an den Menschen, ein Freudentag zum Gedenken an die vollendete göttliche Schöpfung, an dem weder gefastet noch getrauert werden darf; das Gebet und das Studium der Tora sollen die Alltagssorgen vergessen lassen.

»Wie Israel den Sabbat gehalten hat«, sagen die Rabbiner, »so hat der Sabbat Israel am Leben erhalten.« Nach der Zerstörung des Tempels und dem Wegfall des Opferdienstes machten die Lockrufe fremder Götterkulte die Einhaltung des Sabbat umso dringlicher – auch ohne Tempel konnte Gottes Gebot gewahrt werden, in Erez Israel wie in der Diaspora. Der Sabbat ist eine wiederkehrende Erinnerung an den monotheistischen Glauben, der das Volk Israel eint.

Nur lebenserhaltende Handlungen dürfen an diesem Tag vorgenommen werden. Am Sabbat sind alle Geschäfte geschlossen, man darf kein Geld bei sich tragen, keinen Brief schreiben, keine schweren Lasten schleppen. Nicht einmal Speisen dürfen zubereitet, kein Feuer entfacht, kein elektrisches Gerät angeschaltet werden.

»Gedenke des Sabbat-Tages, ihn zu heiligen«, heißt es im zweiten Buch der Tora. Im vierten Buch wird von einem Mann berichtet, der das Gebot nicht respektierte, sondern Holz auflas. Gott fällte das Todesurteil über ihn, der Mann wurde von der Gemeinde gesteinigt. Auch zu Zeiten des Makkabäer-Aufstandes gegen die Römer wurde die Sabbatruhe strikt beachtet – makkabäische Soldaten ließen sich an diesem Tag eher töten als ihn durch Kampfhandlungen zu entweihen.

Die Sabbatfeier

Die Vorbereitung der Sabbatfeier obliegt der Frau. Schon den ganzen Freitag über werden alle dafür nötigen Arbeiten verrichtet, das Essen für den Abend und den nächsten Tag zubereitet, denn am Sabbat selbst sind solche Tätigkeiten verboten. Ein besonderes Weißbrot, die *Challot* (miteinander verflochtene Teigzöpfe), und Wein werden bei den drei wichtigsten Mahlzeiten zu Ehren der Königin Sabbat genossen: Freitagabend, Sabbatmorgen und Sabbatnachmittag.

Während die Hausfrau zu Hause den Tisch festlich deckt, die Kerzen anzündet und den Segen darüber spricht, beten die Männer in der Synagoge und singen das Lied der Königin Sabbat: »Komm, mein Freund, der Braut entgegen, wir wollen den Sabbat empfangen.« In älteren Zeiten gingen sie dabei auf die Felder, den Blick immer der untergehenden Sonne zugewendet.

Wenn sie dann bei Dunkelheit aus der Synagoge kommen, grüßen sie sich mit »Gut Schabbes«, die Kinder empfangen den Segen des Vaters, der den Silberbecher hebt und den *Kiddusch* (Segnung) spricht; damit wird des Exodus' aus Ägypten und der rettenden Intervention Gottes gedacht. Nach dem Segensspruch trinken alle Anwesenden von dem Wein und essen ein Stück von den Challot, die auf die biblische Erzählung vom Manna zurückgehen, das Gott den Kindern Israels in der Wüste in doppelter Menge vom Himmel regnen ließ, damit sie am Sabbat kein Brot backen mussten. Danach beginnt die festliche Mahlzeit – in aschkenasischer Tradition meist Hühnersuppe mit Nudeln oder Nocken, Huhn oder Fisch, und zum Abschluss Lokschen, ein Rosinenauflauf.

Am Sabbatmorgen findet ein Gottesdienst statt – überhaupt sollte der Tag religiösen Studien gewidmet werden. Mit dem Erscheinen der drei Abendsterne am Samstagabend wird die *Hawdala* (Trennung) eingeleitet, ein Abschiedsgebet gesprochen, das vor etwa 1500 Jahren eingeführt wurde, um die Grenze zwischen dem heiligen Tag und den Wochentagen zu markieren. Dabei werden Segenssprüche gesagt – über den Wein, eine geflochtene Kerze und eine Büchse mit wohlriechenden Gewürzen, mit Nelken, Zimt und Muskat; der Duft des Sabbat soll die Trauer über sein Ende vertreiben, der gefüllte

Becher Wein Ausdruck der Hoffnung sein, dass die kommende Woche Gutes im Überfluss bringen wird. Man wünscht sich *schawua tow*, eine gute Woche, kann wieder Licht machen und seinen Tätigkeiten nachgehen.

Die Festtage

Die gemeinsamen Wurzeln von Christentum und Judentum sind an den Festtagen noch zu erkennen – an Pessach und Ostern, an Schawuot und Pfingsten, an Sukkot und dem Erntedankfest. Die Sitte, Adventskerzen anzuzünden, dürfte auf dem Brauchtum des Chanukka-Festes basieren. Auch war den frühen Christen der Sabbat als wöchentlicher Ruhe- und Feiertag heilig. Erst auf dem Konzil von Nicäa im Jahr 325 n. d. Z. bestimmte Kaiser Konstantin offiziell den Sonntag als Tag der Auferstehung Christi zum Wochen-Feiertag.

Nach der Zerstörung des Zweiten Tempels und der Vertreibung in die Diaspora sollten Feste und Feiertage die Einheit des Judentums auch ohne ein territoriales Zentrum sichern und die geschichtlichen Ereignisse, die Israels Wanderschaft aus der Knechtschaft in die Freiheit ermöglichten, fest in der kollektiven Erinnerung verankern.
Alle jüdischen Festtage beginnen am vorausgehenden Abend, sobald die ersten drei Sterne sichtbar werden, denn der Tag reicht von Sonnenuntergang bis Sonnenuntergang. Die Nacht zählt zum darauf folgenden Tag: »Abend ward und Morgen ward« (1. Mose 1).

Rosch Haschana (Haupt des Jahres)

Der jüdische Neujahrstag, der in den Herbst fällt, erinnert an die Erschaffung der Welt durch Gott. Der Mensch soll sein Tun überdenken, in sich gehen und Besserung geloben, da er nach dem Tod sein Leben vor dem Höchsten zu verantworten hat. So heißt dieser Tag auch *Jom Hazikaron* (Tag des Gedenkens) oder auch *Jom Hadin* (Tag des Gerichts), weil Gott zu Beginn des neuen Jahres das »Buch des

Lebens« öffnet. Von Sonnenuntergang am Abend vor Neujahr bis Sonnenuntergang am Neujahrstag beten fromme Juden in der Synagoge und bitten darum, von Gott in das Buch des Lebens eingeschrieben zu werden.

Am zweiten Tag von Rosch Haschana erinnert man sich an Abraham, der, ohne zu zögern, willens war, Gottes Befehl zu folgen und seinen Sohn Isaak zu opfern – ein Beispiel für die Bereitschaft, das eigene Leben der Heiligung Gottes hinzugeben. Und so werden Gottes Worte an Abraham wiederholt: »Strecke nicht deine Hand nach dem Knaben aus und tue ihm nicht das Geringste.« Die göttliche Stimme verschmäht das Kindesopfer als Beweis unbedingten Glaubens und beendet damit einen bis dahin vielfach praktizierten religiösen Brauch: Es ist die Geburtsstunde einer neuen Ethik. Im alten Israel wurde zu *Jom Kippur* der »Sündenbock« in die Wüste gejagt.

Während der zehn Tage nach Rosch Haschana wird Einsicht und Umkehr gelobt und Gott um Vergebung gebeten für alle Sünden; es ist die »Zeit der Scheu«, in der man sich auf eine gottgefälligere Lebensführung vorbereitet. Am 10. Tischri dann ist *Jom Kippur* (Versöhnungstag), ein strenger Fastentag. Alle Arbeit ruht, denn dieser höchste jüdische Feiertag gilt als »Sabbat der Sabbate«. Der rabbinischen Tradition nach wird an Rosch Haschana das Schicksal jedes Juden im Buch des Lebens niedergelegt und am Versöhnungstag besiegelt. In der Synagoge wird in dieser Zeit das Schofar-Horn geblasen, sein rauer Klang soll das Böse vertreiben. Und die ganze Gemeinde ruft *Le'schana chaba'ah bi-Jeruschalajim* – nächstes Jahr in Jerusalem. Der Versöhnungstag endet mit dem *Neila*, dem Schlussgebet, dem »Schließen der Himmelstore«. Zu Hause werden zwei Kerzen entzündet, eine für die Seele der Lebenden, eine für die Verstorbenen. Man verpflichtet sich an diesem Tag zu wohltätigen Spenden und liest die Jonah-Geschichte, um allen vor Augen zu führen, dass keiner Gottes Willen entkommen kann, Er sich aber um alle seine Geschöpfe kümmert, auch um die Zweifler und die Ungläubigen.

Die Festtage

Pessach

Zu den freudigen Festtagen gehört *Pessach*, zu altisraelischer Zeit das Fest der Getreideerstlinge im Frühjahr. Später wurde es dem Gedenken an die Befreiung aus ägyptischer Knechtschaft gewidmet, als Gott die Häuser der Israeliten bei den Strafen, die er den Ägyptern schickte, »übersprang«, daher der Name, der »Übersprung«, »Auslassung« bedeutet. Am siebten Tag des Pessachfestes wird die Geschichte von der Teilung des Schilfmeeres erzählt. Fromme Juden schwemmen an diesem Tag Wasser über die Böden ihrer Wohnungen, um zur Feier des Pessachfestes hindurchzuwaten.

Das Fest, an dem es Brauch ist, für den Propheten Elijahu ein Gedeck aufzulegen, ein Glas Wein einzuschenken und die Tür offen zu halten, falls er kommt, um den Messias anzukündigen, wird in Israel sieben, in der Diaspora acht Tage lang gefeiert. Hauptfeiertage sind allerdings nur der erste und letzte Pessach-Tag. Jede Arbeit ist verboten. Während der Festtage darf kein gesäuertes, sondern nur ungesäuertes, aus Mehl und Wasser zubereitetes Brot, *Mazza*, verzehrt werden – so wie es auch den Kindern Israels bei ihrem überstürzten Aufbruch aus Ägypten nur zur Verfügung stand. Die Gebote des Pessach-Festes erfordern das »Koschermachen«: Am Abend vorher werden alle Ecken nach Resten von gesäuertem Brot (*chamer*) und von nichtkoscheren Lebensmitteln abgesucht. Die an diesem Tag verwendeten Küchengeräte, das Besteck und Geschirr werden nur an Pessach benutzt.

Der Auftakt zu Pessach ist der Sederabend (*Seder*: religiöse Tischordnung). Alle Familienmitglieder gedenken beim festlichen Mahl der Wunder des Auszugs aus Ägypten, der Geschichte des Überlebens der Juden. Auf dem Sederteller werden traditionell festgelegte Speisen serviert, die an bestimmte Ereignisse in der Geschichte erinnern – das Lamm an das Tempelopfer, Bitterkräuter an das Leiden der Juden in Ägypten, ein hart gekochtes Ei an das Festtagsopfer im Tempel, in Salzwasser getauchte Radieschen oder

Sellerie an die Tränen der Kinder Israels. Beendet wird das Mahl mit den Worten aus dem Gebet am Versöhnungstag: Nächstes Jahr in Jerusalem.

Schawuot

Schawuot, ursprünglich die Feier des Ernteabschlusses, ist eins der fröhlichsten jüdischen Feste. An ihm gedenkt man der **Offenbarung** Gottes am Berg Sinai. Nach uralter Tradition wird an Schawuot ein jüdisches Kind in das Torastudium und in die hebräische Sprache eingeführt, weil Gott an diesem Tag Mose die Grundgesetze des jüdischen Glaubens übergab. Viele orthodoxe Juden verbringen die Nacht davor in einer – häufig mit Blumen und Getreide geschmückten – Synagoge, um sich auf den feierlichen Moment der Lesung der Zehn Gebote vorzubereiten.

→ S. 7

Während des Festes wird das Buch Rut gelesen, die Geschichte der Moabiterin, die dem Götzendienst entsagte, um sich zu dem Bund mit Gott zu bekennen und Einzug in das Haus Israel zu halten. Weil die Juden überzeugt sind, dass der Messias von David abstammt, als dessen Vorfahrin Rut, die »Patronin aller Konvertiten«, gilt, sind sie gehalten, alle Konvertiten bereitwillig aufzunehmen.

Sukkot

Das Laubhüttenfest, einst als Erntedankfest im Herbst nach der Trauben- und Olivenernte gefeiert, gedenkt der vierzigjährigen Wüstenwanderung. Das Fest dauert sieben oder acht Tage (15. bis 21./22. Tischri), in denen die männlichen Familienmitglieder in einer Laubhütte wohnen. Gott gibt ihnen Obdach, so wie er dem Volk Israel auf seiner Wanderung durch die Wüste in ihren Hütten Schutz gewährte; er ermahnt aber auch jene, die viel haben, an andere zu denken, die im Elend leben. Beim Bau der Hütte dürfen für das Dach nur Zweige, Äste und Blätter verwendet werden, von Menschenhand erschaffenes Material gilt als unrein.

Die Festtage

Für die Feierlichkeiten in der Synagoge wird ein Feststrauß aus Dattelpalmwedel (*lulaw*), Myrte (*chadassim*), Zitrusbaum (*etrog*) und Bachweide (*arawot*) gefertigt. Am ersten Tag von Sukkot hält jeder fromme Jude einen solchen Strauß in der rechten Hand, während er Segenssprüche aufsagt und Psalmen singt.

Der siebte Tag des Laubhüttenfestes, *Hoschana Rabba* (Großes Hoschana), gilt seit dem Mittelalter als der letzte Tag nach den hohen Feiertagen, an dem man noch Vergebung für seine Sünden und Verfehlungen aus dem Vorjahr erbitten kann.

Am achten Tag des Festes (*Schmini Azeret*) wird in der Synagoge das Totengedenken abgehalten und aus dem Buch der Prediger gelesen: »Alles ist eitel ...« Mit einer fröhlichen Torarollen-Prozession werden das Ende des alten und der Beginn des neuen liturgischen Jahres gefeiert.

Chanukka

Chanukka (Einweihung) erinnert an die Wiedereinweihung des Jerusalemer Tempels nach dem Sieg der Makkabäer. Dieses Ereignis wird acht Tage lang gefeiert und an jedem Tag eine weitere Kerze angezündet, bis schließlich acht Kerzen brennen und eine neunte, mit der die anderen angezündet werden und die deshalb »Diener«, *Schamasch*, heißt. Die brennenden Kerzen erinnern an das Wunder, das den Makkabäern widerfuhr, als sie den Tempel für die Wiedereinweihung reinigten: Der Talmud berichtet, dass sich nur noch ein Krüglein mit Lampenöl fand, das mit dem Siegel des Hohepriesters versehen und »rein« war. Eigentlich hätte es nur für einen Tag gereicht, brannte aber acht Tage lang, bis genügend Oliven für neues Öl gestampft waren.

Auch an diesem Tag gibt es ein festliches Mahl – in Öl Gebackenes oder Gebratenes, traditionell Kartoffelpuffer (*Latkes*) und Krapfen (*Sufganiot*) sowie diverse milchige Gerichte. Sie sollen an die Heldentat Judiths erinnern, die dem Feldhauptmann **Nebukadnezars** so →S.39 stark gesalzenen Käse vorsetzte, dass er sich, um seinen Durst zu löschen, betrank und Judith ihm den Kopf abschlug und so die babylonischen Truppen in die Flucht schlug.

Purim
Dieser jüdische Festtag gedenkt der Tapferkeit der Jüdin Ester, die mit dem persischen König Xerxes verheiratet war und durch ihren Vetter Mordechaj erfuhr, dass der Großwesir am Königshof, Haman, die Vernichtung der persischen Juden plante – jener blühenden großen Gemeinde, die nach der Vertreibung aus Palästina im **Babylonischen Exil** entstanden war. Das Komplott wurde vereitelt, Haman auf Geheiß des Schah hingerichtet. Zum Gedenken an den Sieg über einen Feind des Judentums ist Purim ein Freudenfest, das ähnlich wie der Karneval mit Maskenumzügen gefeiert wird. Während in der Synagoge aus der Esterrolle gelesen wird, beginnt die ganze Gemeinde Haman lautstark zu verfluchen und Ester zu bejubeln. »Gaben und Geschenke« sollen an diesem Tag verteilt werden, an Arme und an Freunde.

→ S.9

Die traurigen Gedenktage
Tisch'be-Aw (der 9. Aw) mahnt an Schreckenstage der jüdischen Geschichte. Am 9. Aw ging sowohl der Erste wie der Zweite Tempel in Flammen auf, wurden die Juden 1290 aus England und **1492** aus Spanien vertrieben. In Israel ist der 9. Aw Staatstrauertag. Restaurants, Kinos, Theater sind geschlossen, und viele Juden finden sich an der Westmauer ein, um des zerstörten Tempels zu gedenken.

→ S.48

Als Zeichen der Trauer werden in der Synagoge weder Tallit noch Tefilin angelegt, der Vorhang des Toraschreins ist abgehängt, der Schrank selbst mit einem schwarzen Tuch verhüllt. Orthodoxe Juden beten an diesem Tag barfüßig und sprechen einander nicht an. Das liturgische Buch des Tages sind die Klagelieder. Man sucht auch die Gräber der Verstorbenen auf.

Die anderen traurigen Gedenktage sind der 3. Tischri (erinnert an den jüdischen Statthalter Gedalja Ben Achikam, mit dessen Ermordung das erste jüdische Reich endete), der 10. Tevet (Beginn der Belagerung Jerusalems durch Nebukadnezar), der 17. Tammus (Einbruch der Römer in Jerusalem) und der 13. Adar (mit dem an das mehrtägige Fasten Esters erinnert wird).

Der Lebenslauf

Wie in vielen Gemeinschaften spielen Initiations- und Übergangsriten auch im Judentum eine zentrale, Identität stiftende Rolle. Die rabbinischen Lehrmeister waren der Überzeugung, dass jedes Lebensalter besondere Verpflichtungen und Verantwortlichkeiten mit sich bringe. Rabbi Jehuda ben Tema gilt als der Urheber jener Zuschreibungen des (männlichen) Lebenslaufes, der in den Sprüchen der Väter festgehalten ist und sich als Teil der Liturgie in zahlreichen *Siddurim* (Gebetbüchern) findet: Mit fünf Jahren soll das Bibelstudium beginnen, mit zehn die Mischna erlernt, mit 13 die Mizwot erfüllt, mit 15 der Talmud gelesen werden; mit 18 sei man fähig, die Ehe einzugehen, mit 20 zu eigenem Broterwerb, mit 30 erlange man seine volle Kraft, mit 40 vollen Verstand, mit 50 verfüge man über die Erfahrungen, mit denen man Rat erteilen könne, mit 60 über höchste geistige Reife; mit 70 beginne man zu altern, wer mit 80 noch lebe, beweise Vitalität, mit 90 ahne man den Tod, mit 100 habe man sich der Welt schon entzogen. Wer so lebt, wie hier beschrieben, wird auch nach seinem Tod Spuren hinterlassen, auf denen die Nachgeborenen aufbauen können.

Brit Mila

Angehöriger des Hauses Israel ist man entweder durch Geburt oder durch den Übertritt zum jüdischen Glauben. Als geborener Jude gilt, wer eine jüdische Mutter hat. Wer zum Judentum konvertiert, hat fortan die Tora und Mizwot zu befolgen und das Schicksal der jüdischen Gemeinschaft mitzutragen.

Das Ritual der endgültigen Aufnahme besteht für Männer in der Beschneidung. »Das aber ist mein Bund, den ihr halten sollt, zwischen mir und euch und deinem Geschlecht nach dir: Alles, was männlich ist unter euch, soll beschnitten werden« (1. Mose 17:10), so sprach Gott zu Abraham, und Brit Mila, die Beschneidung am achten Tag nach der Geburt, gilt als Zeichen des Bundes mit Gott. Mit ihr wird das männliche Kind in die Gemeinschaft Israels aufgenommen. Es ist der Tag, an dem es seinen Namen erhält.

Das Ritual wird manchmal noch im Krankenhaus, oft auch in der Synagoge vollzogen. Der Pate, der *Sandak*, hält den Knaben, wenn der *Mohel* (Beschneider), der die rituellen und die medizinisch-hygienischen Vorschriften kennen muss, die Vorhaut mit einem raschen Schnitt entfernt. Der Platz daneben bleibt leer, er ist für den Propheten Elija bestimmt, den Beschützer von Müttern und Kindern, der bei jeder Beschneidung als unsichtbarer Gast anwesend ist. Dann wird der Segen über dem Kind gesprochen, es erhält seinen hebräischen Namen, sein Haupt wird mit einigen Tropfen Wein benetzt und Hesekiel (16:6) zitiert: »Ich sprach zu dir, als du so in deinem Blute dalagst, du sollst leben.«

Im aschkenasischen Judentum gilt die Windel, die das Kind am Tag der Beschneidung trägt, als ein besonderes Erinnerungsstück. Aus ihr wird ein bunt besticktes oder bemaltes Stoffband erstellt, ein Torawimpel (*Mappa*), der die Torarolle schmückt, aus der der Junge bei seiner Bar Mizwa-Feier vorliest, wie auch die Chuppa ziert, den Hochzeitsbaldachin, wenn der junge Mann die Ehe eingeht – ein Ausdruck der Bindung an die Tradition, die die jüdische Gemeinschaft konstituiert.

Bar Mizwa / Bat Mizwa

Mit dreizehn Jahren feiert der jüdische Junge die Bar Mizwa, er wird zum »Sohn der Gebote« und beim *Minjan* mitgezählt, der Versammlung von zehn Männern, die zur Ausübung des Gottesdienstes anwesend sein müssen – eine Tradition, die das Reformjudentum verändert hat; reformierte Gemeinden lassen auch die Gegenwart einer Frau zu. Denn seit dem 19. Jahrhundert gibt es im Kreis der Reformgemeinden die Bat Mizwa. Mit Vollendung des zwölften Lebensjahres wird das Mädchen religionsmündig und zur »Tochter der Gebote« – von ihm wird erwartet, dass es sich vor allem mit der Kaschrut und den halachischen Vorschriften vertraut macht, die sich auf das Haus und die Familie beziehen.

Von der Bar Mizwa an gilt man als vollwertiges Gemeindemitglied und muss »die Last der Tora mit allen Pflichten« auf sich nehmen. Zum ersten Mal wird er an diesem Tag zur Lesung eines Wochenabschnitts aus der Tora und der *Haftara*, der Lesung aus den Propheten, aufgerufen. Anschließend gemahnt ihn der Rabbi an seine Pflicht, und der Vater des Jungen sagt den Segensspruch: »Gelobt seist du, der du mich von der Verantwortung für ihn befreit hast.«

Neuerdings wird die Bar Mizwa von Juden aus aller Welt gern an der Jerusalemer Westmauer gefeiert oder auch in der zweitausendjährigen Synagoge in der Festung Masada.

Ehe

»Es ist beiden lieb, verheiratet zu sein«, so der Talmud. In biblischen Zeiten war ein Mann nach der Hochzeit ein ganzes Jahr lang vom Militärdienst und von jeglicher Arbeit befreit – er hatte keine andere Aufgabe als sein Weib zu erfreuen. Denn: »Jeder Mensch, der keine Frau hat, lebt ohne Freude, ohne Segen, ohne Gutes.«

Die Wahl der Braut oder des Bräutigams war jahrhundertelang eine Entscheidung der Familie, die sorgfältig getroffen werden musste. Oft wurde ein *schadan*, ein professioneller Heiratsvermittler, bemüht, um den passenden Partner auszusuchen und Aufschluss über die Lebensverhältnisse der Schwiegerfamilie – über Bildungsgrad, gesellschaftliches Ansehen und Glaubenstreue – zu erhalten; unter orthodoxen Juden ist dies zum Teil immer noch üblich. Denn der

Bund wurde vertraglich zwischen den beiden betroffenen Familien geregelt. Zum Ehevertrag (*Ketubba*) gehörte auch die Festlegung einer Mitgift – ein Akademiker aus jüdischer Familie durfte um 1900 in einer Stadt wie Berlin mit ungefähr 75 000 Mark von der Familie der Braut rechnen, die häufig den Grundstock für die Gründung einer beruflichen Existenz darstellten. Die Mitgift sicherte auch den Unterhalt der Frau, sollte die Ehe scheitern.

Häufig lernten sich die durch die Familie zusammengeführten Brautleute erst durch den Briefwechsel in der Zeit der Verlobung näher kennen – die Brautbriefe von Moses Mendelssohn sind ein umfängliches Zeugnis seines Alltagslebens, von dem er seiner Verlobten Fromet erzählt.

Während die Töchter meist innerhalb der jüdischen Gemeinde, häufig mit einem entfernten Cousin der Großfamilie verheiratet wurden – auch um das Geld in der Familie zu halten und das schützende verwandtschaftliche Netz zu stärken –, akzeptierte man bei den Söhnen eher Mischehen, deren Zahl im Kaiserreich erheblich zunahm, als sich das romantische Ideal der »Liebesheirat« durchsetzte. Im Berlin der 1920er Jahre war bereits jede dritte mit jüdischen Partnern geschlossene Ehe eine Mischehe.

Hochzeit

Wie überall gehört die Hochzeit auch im jüdischen Leben zu den großen Ereignissen. Normalerweise müssen Braut und Bräutigam am Tag zuvor fasten, um sich zu »reinigen« und den Ernst ihres Vorhabens zu dokumentieren. Die Braut soll vor der Eheschließung ein rituelles Bad in der Mikwe nehmen, einem Tauchbad, das jede jüdische Gemeinde besitzt.

Die Trauung selbst muss nicht unbedingt in der Synagoge stattfinden, sie kann auch im Gemeindehaus, zu Hause oder im Freien stattfinden. Ein Baldachin wird dafür aufgestellt, die *Chuppa* – das Dach des neuen Hauses. Dabei kann es sich um ein reich geschmücktes

Stoffdach oder um einen Gebetsmantel handeln, der von den engsten Verwandten über das Brautpaar gehalten wird. Braut und Bräutigam werden von ihren Paten zur Chuppa geleitet; zwei Zeugen überwachen die Unterzeichnung des Ehevertrages durch den Bräutigam und unterschreiben ebenfalls. Der Text des Ehevertrages wird von dem Rabbi vorgelesen, dann spricht er sieben Segenssprüche. Danach holt der Bräutigam den Ring hervor, steckt ihn der Braut an und spricht auf Hebräisch: »Mit diesem Ring bist du mir anvertraut nach dem Gesetz Mose und Israel.« Die Zeremonie endet damit, dass das Brautpaar noch einmal gemeinsam aus einem Becher trinkt, danach zertritt der Bräutigam ein Glas – auch in diesem Moment persönlichen Glücks wird damit an die Zerstörung des Tempels in Jerusalem erinnert.

Die Ehe ist ein heiliger Bund und Scheidung eigentlich nicht vorgesehen. Und doch gab es schon in frühesten Zeiten »Verstoßungen«, ursprünglich ausschließlich vom Mann gegen die Frau ausgesprochen, die mit einem schon in der Tora erwähnten »Scheidungsbrief« abgesichert werden musste. Im Laufe der Jahrhunderte wurde in vielen Gemeinden auch der Frau dieses Recht zugestanden. *Aguna* (Gebundene) nannte man eine Frau, die nach jüdischem Gesetz nicht wieder heiraten durfte, wenn ihr der Ehemann den Scheidungsbrief verweigerte oder er verschwunden war und sie dem jüdischen Gerichtshof sein Ableben nicht nachweisen konnte.

Beerdigung

Ein Sterbender ist gehalten, möglichst noch das Schma und anschließend ein Sündenbekenntnis zu sprechen. Wenn dann der *Mal'ach ha-Mawet*, der Todesengel, gegangen ist und das Leben mitgenommen hat, wird eine Kerze angezündet. Wenn auch die Seele sich aufgemacht hat, bleibt nur noch die »Hülle« des Menschen zurück. Sie wird zur Vorbereitung für die Reinigung in ein weißes Tuch gehüllt und von nun an nicht mehr allein gelassen.

Die Erneuerung des Glaubens

Die Hinterbliebenen halten, in Gegenwart des Verstorbenen, eine Trauerzeremonie ab, bei der aus dem Psalm 103 zitiert wird:

»Das Menschlein
wie des Grases sind seine Tage
wie die Blume des Feldes blüht's;
wenn der Wind darüber fährt, ist sie weg ...«

Totenkleid und Sarg sind sowohl für Männer wie für Frauen schlicht: weißes Leinen für das Kleid, eine Kiste aus ungehobeltem hellem Holz als Sarg – im Tod sind alle Menschen gleich. Die *Chewra Kaddisha*, Männer und Frauen, die sich um die Reinigung und Aufbahrung des Toten kümmern, sorgen dafür, dass alles ordentlich erledigt und ein wenig Erde in den Sarg gestreut oder dem Toten als Kopfkissen mitgegeben wird, bevor sich der Deckel schließt. Der Tote soll auf und in Staub ruhen. Vor dem Herablassen des Sargs wird in der Totenhalle das *Kaddisch*, das Gebet der Trauernden, gesprochen und die Hinterbliebenen reißen sich zum Zeichen der Trauer die Kleidung ein – bei dem Verlust von Eltern oder Kindern auf der linken Seite des Oberteils, von Freunden oder entfernteren Verwandten auf der rechten Seite. Dieses Einreißen der Kleidung, die *Kerija*, rührt aus der Zeit, als Jakob sich – im Glauben, sein Sohn Josef sei tot – die Kleider einriss.

Dann folgen Ansprachen und schließlich wird der Sarg unter Gebeten und Schweigepausen, geführt von einem Rabbi, zur Grabstätte geleitet. Angehörige und Freunde werfen drei Schaufeln Erde in die Grube, bis der Sarg vollständig bedeckt ist. Zum Schluss wird wieder das Kaddisch gesprochen.

Danach beginnt das *Schiwe*-sitzen, die siebentägige Trauerwoche, normalerweise im Haus der Verstorbenen. Die Trauernden sitzen auf niedrigen Schemeln oder auf dem Boden und dürfen weder kochen, noch irgendwelche Arbeiten verrichten – die werden von den

Besuchern übernommen, die dabei aber die Trauernden möglichst nicht ansprechen sollen.

Nach dreißig Trauertagen findet *Schloschim* (dreißig) statt, die Gedenkfeier am Grab des Toten. Für die Angehörigen dauert die Trauerzeit länger: Elf Monate lang sprechen die Kinder des Verstorbenen das Kaddisch. Und vom ersten Jahrestag des Todes an wird jedes Jahr an dem Sterbetag eine Kerze angezündet, die Gedächtniskerze.

IN DER DIASPORA

Für Jahrhunderte verschiebt sich – nach der Vertreibung aus dem Heiligen Land – das Zentrum jüdischen Lebens nach Europa. Wer sich nördlich der Alpen, in Frankreich oder Deutschland, später auch in Osteuropa, ansiedelt, wird fortan zu den Aschkenasim gezählt, nach dem biblischen Namen »Aschkenas« – ein Nachkomme des Noah-Sohnes Japhet, der als Stammvater der nördlichen Völker gilt.

Die meisten Juden aber suchen eine neue Heimat außerhalb der christlichen Welt.

So lässt sich eine zweite Gruppe erst im muslimisch dominierten Nordafrika, später im südlichen Spanien nieder. Ihre Angehörigen heißen Sefardim – von »Serafad«, dem mittelalterlichen Namen für die Iberische Halbinsel, wo sich für eine lange Zeit unter islamischer Herrschaft ein zweites blühendes jüdisches Zentrum mit einer ganz eigenständigen Kultur herausbildet: das sefardische Judentum.

Das sefardische Judentum

Unter dem Islam haben die Juden als Anhänger einer monotheistischen Religion Glaubensfreiheit, werden aber wie die Christen zu *dhimmis*, »geschützten« Untertanen, erklärt und damit gesetzlich zu Bürgern zweiter Klasse. Sie müssen Sondersteuern zahlen, ihre

Geschäfte dürfen nicht auf Straßenhöhe liegen, ihre Häuser nicht die von Muslimen überragen. Im Gegensatz allerdings zum christlichen Europa können sie Grundbesitz erwerben, müssen nicht in Ghettos leben und dürfen Geschäftspartnerschaften mit Muslimen pflegen.

Als Mitte des 7. Jahrhunderts die Anhänger Mohammeds Jerusalem, Palästina, Syrien, Ägypten, Mesopotamien und Persien erobern und der Herrschaft Roms und des Christentums in Palästina ein Ende machen, kehren immer mehr Juden in das Heilige Land zurück, bis unter dem Kalifen Al-Hakim (996–1021) eine Welle der Verfolgung gegen alle Nichtmuslime einsetzt, Kirchen und Synagogen zerstört werden und die Juden aufgrund hoher Steuern gezwungen sind, ihre Felder in Galiläa wieder aufzugeben.

Der Djihad, der Kampf des Islam gegen die »Ungläubigen«, erobert schließlich auch die Iberische Halbinsel. Unter dem Umayyaden-Kalifat 929 bricht für die dortigen Juden, die Serfardim, eine Zeit fruchtbaren Zusammenlebens mit Muslimen und Christen an, das erst durch die Reconquista, durch die christliche Rückeroberung, zerstört wird.

Convivencia

Das goldene Zeitalter der Convivencia beginnt, als die Hauptstadt des Kalifats, Córdoba, mit ihren fast 500 000 Einwohnern zu einem der bedeutendsten Kulturzentren, zum »Bagdad des Westens«, aufsteigt und Wirtschaft, Wissenschaft und Künste – angespornt durch den »Wettbewerb« zwischen Arabern und Juden – prosperieren. Jüdische Gelehrte, die aus dem mesopotamischen Raum nach Westen gezogen sind, bringen ihr Wissen in die Gemeinden im muslimisch beherrschten Maghreb und in Südspanien ein. In dieser Zeit werden die großen Grammatiken der hebräischen Sprache, halachische Kompendien und klassische Bibelkommentare entwickelt; liturgische Dichtung und auch die jüdische Mystik, die Kabbala, erblühen auf der Iberischen Halbinsel.

Das sefardische Judentum

In Córdoba wird 1135 einer der berühmtesten und modernsten Vertreter der jüdischen mittelalterlichen Philosophie geboren, Moses Maimonides, Arzt und Oberhaupt aller jüdischen Gemeinden Ägyptens. Mit seinem auf Arabisch verfassten Buch *Moré Nevukhim* (Führer der Unschlüssigen) übt er noch Jahrhunderte später einen großen Einfluss auf Moses Mendelssohn und die jüdische Aufklärung aus: Erst das Studium der Philosophie eröffne ein tieferes Verständnis der Bibeltexte und erlaube, die jüdische Tradition und Religion mit der philosophischen Vernunft eines Aristoteles in Übereinstimmung zu bringen. Auch für das christliche Hochmittelalter sind Maimonides' Entwürfe einer Vereinigung von Glauben und Wissen von bahnbrechender Bedeutung. In seinem vielleicht wichtigsten, auf Hebräisch geschriebenen Werk, der *Mischna Tora* (Wiederholung des Gesetzes), unternimmt er den Versuch, das »reine Gesetz« des Judentums neu zu ordnen. Nach seinem Tod fallen seine philosophischen Schriften als »Ketzerei« der Inquisition zum Opfer.

Reconquista

Mit dem Einfall radikaler muslimischer Herrscher, zunächst der Almoraviden, dann der Almohaden, aus Nordafrika wendet sich das Blatt: Waren die Juden früher aus den christlichen in die islamisch beherrschten Landesteile der Iberischen Halbinsel gewandert, so ziehen sie jetzt vom muslimischen Süden in den christlichen Norden. Und selbst dort, im christlichen Kastilien und Aragon gestalten sich die Beziehungen zwischen Juden und Christen für eine lange Zeit harmonisch. Juden rücken in einflussreiche Positionen auf. Sie werden als Kolonisten, als Händler und Dolmetscher, als Mittler zwischen Christen und Muslimen gebraucht und von der Krone gegen die antisemitischen Angriffe der katholischen Kirche und spanischer Kaufleute in Schutz genommen. Denn das christliche Europa profitiert von ihnen: Jüdische Kartographen schaffen den »Katalanischen Weltatlas«, jüdische Gelehrte übertragen astronomische, medizinische oder philosophische Traktate aus dem Arabischen ins Kastilische oder Katalanische, von wo aus christliche Wissenschaftler sie ins Lateinische übersetzen. Auf diese Weise gelangen die naturphilosophischen Erkenntnisse des Aristoteles in das Abendland und lösen dort eine mentale Revolution aus.

Mit dem Aufstieg des Adels (*cortes*) und der Handwerkerzünfte verändert sich das Verhalten der spanischen Krone gegenüber den Juden. Kaufleute, Adlige und Gilden verlangen immer heftiger die Durchsetzung christlicher Ausgrenzungsnormen. 1391 wird das jüdische Viertel von Sevilla in Brand gesteckt, Auftakt zu einem Jahrhundert der Zerstörung, in dem die Reconquista, die christliche Rückeroberung der Iberischen Halbinsel, dem friedlichen Zusammenleben von Juden, Christen und Muslimen, ein grausames Ende bereitet. Tausende verlieren in den Massakern an jüdischen Gemeinden ihr Leben, viele werden zwangsgetauft (*conversos*) und von der 1478 eigens zu diesem Zweck gegründeten Spanischen Inquisition überwacht, ob sie nicht doch heimlich ihren jüdischen Glauben ausüben. Der Großinquisitor drängt schließlich auf Ausweisung, 1492 müssen alle noch bestehenden jüdischen Gemeinden das Land verlassen. Vier Jahre später werden sie aus Portugal vertrieben.

Ein Teil der Sefarden flieht nach Norden und gründet bedeutende Gemeinden in Hamburg, London und Amsterdam, das bald als modernstes jüdisches Zentrum Europas gilt; andere fassen in der Neuen Welt, in den holländischen Kolonien wie **Neu Amsterdam** auf der Halbinsel Manhattan, auf Surinam oder Curaçao oder in Brasilien Fuß.

→ S. 77

Unter den Osmanen

Auch das aufstrebende Osmanische Reich gewährt den flüchtenden Sefarden Aufnahme. Ihnen wird Religionsfreiheit zugesichert, im Gegenzug werden ihnen Kopf- und Bodensteuer abgefordert. Die relativ günstigen administrativen Bedingungen ermöglichen ihren Gemeinden eine Blütezeit, in der die jüdischen Händler – des Lesens und

Das sefardische Judentum

Schreibens, oft auch mehrerer Sprachen mächtig und gut auf die Bedürfnisse ihrer Kundschaft eingestellt – als merkantilistisches und linguistisches Bindeglied zwischen den Osmanen und Europa fungieren.

Zu den Zentren des sefardischen Judentums wachsen nun Istanbul, wo es im 16. Jahrhundert 44 Synagogen gibt, Izmir, Edirne und Saloniki heran. In Saloniki entsteht der bis heute bedeutendste halachische Kodex, der **Schulchan Arukh**, der »Gedeckte Tisch« des Josef Karo, mit dem er die religiöse Lebensweise der Sefardim kodifiziert. Etliche Juden lehnen eine Kodifizierung der Halacha, wie im Schulchan Arukh, ab, sie bestehen auf der Notwendigkeit einer steten Erneuerung und Anpassung der Halacha im Rückgriff auf die Quellen, auf die Responsen und sonstige halachische Literatur. →S.20

Karo, der mit seinen Eltern und der Familie als Vierjähriger von der Reconquista 1492 aus seiner spanischen Geburtsstadt Toledo vertrieben wurde, lehrt lange im osmanischen Konstantinopel, bis er 1536 nach Safed, dem Zentrum der jüdischen Mystik im Norden Galiläas, übersiedelt. Denn 1517 haben die Osmanen Palästina erobert, und damit setzt, finanziell unterstützt von den Glaubensbrüdern in der Diaspora, eine gewaltige jüdische Einwanderung ins Heilige Land ein.

Im 17. Jahrhundert beginnt der langsame Niedergang des Osmanischen Reiches, das auf den wachsenden Widerstand der Kolonialmächte Spanien, Portugal und England stößt. Das hat Konsequenzen auch für die Juden: Die aufstrebenden europäischen Nationalstaaten wie England und Frankreich bevorzugen Griechen und Armenier als Mittler für ihre Geschäfte mit den Osmanen.

Zwei Jahrhunderte später, als die aufgeklärten Ideale des modernen Westeuropa auch das Osmanische Reich erfassen, gewährt es seinen nichtmuslimischen Bewohnern 1856 die Staatsbürgerrechte. Von der Mehrheit der muslimischen Traditionalisten aber werden diese Reformen nicht akzeptiert. Mit der Niederlage im Ersten Weltkrieg ist das Ende des Osmanischen Reiches besiegelt. Die sefardischen Juden bekommen es jetzt mit jungen Nationalstaaten zu tun, die weder eine kulturelle Autonomie noch eine Integration ihrer jüdischen Minderheit zulassen.

Die jüdischen Gemeinden in Aschkenas

Nur eine Minderheit der Juden lebt während des Mittelalters in Aschkenas, wo sie sich bevorzugt entlang der großen Flüsse niederlassen – am Ebro in Spanien, an Rhone und Seine in Frankreich, an Rhein und Elbe in Deutschland –, an Schiffswegen, auf denen sie Handelsgüter transportieren können. Aber sie sind auch Handwerker, Viehzüchter oder Weinbauern – ihre Abdrängung auf bestimmte Berufe, besonders den des Geldverleihers, beginnt erst später, als das Dritte Laterankonzil 1179 Christen verbietet, von ihren Glaubensbrüdern Zins zu nehmen.

Noch unter Karl dem Großen (768 – 814), nach 800 Kaiser des Römischen Reichs, wird die jüdische Religion ausdrücklich gebilligt; Zwangstaufen sind verboten, ebenso jeder Versuch, die Juden an der Einhaltung ihrer religiösen Vorschriften zu hindern. Einzelne erhalten königliche Judenschutzbriefe, die sie unter den besonderen Schutz eines Herrscherhauses stellen und ihnen gewisse Privilegien, wie etwa Abgaben- und Zollfreiheit, zugestehen. Denn auch hier sind ihre Kenntnisse und Erfahrungen für den Aufbau der Städte und den Ausbau des Handels gesucht.

Speyer, Worms und Mainz bilden die wirtschaftlichen wie geistigen Zentren der Aschkenasim im 11. Jahrhundert. Hier wird der Grundstein für die bis heute maßgebliche Tradition im aschkenasischen Judentum gelegt, das sich sowohl vom strengen Wortlaut der Überlieferung wie auch von den babylonischen und palästinensischen Religionsschulen löst. Während dort von alters her nach strengen Regeln gelernt wird, bemühen sich die im Rheinland lehrenden Rabbiner, die göttlichen Gebote entsprechend den Anforderungen einer sich verändernden Welt zu deuten – so verbieten sie beispielsweise die in Palästina praktizierte Polygamie oder erlauben die Scheidung nur bei Zustimmung der Frau; das Leben in christlicher Umgebung, so argumentieren sie, könne nicht mit dem in Palästina oder Babylonien und schon gar nicht mit dem Dasein zu Zeiten der Offenbarung verglichen werden. Der Ruhm der rheinischen Talmudschulen überstrahlt bald selbst den Glanz der berühmten babylonischen Akademien.

Die Kreuzzüge

Ausgerechnet hier sehen sich die jüdischen Gemeinden 1096 einem mörderischen Hass ausgesetzt, als der religiöse Taumel der Kreuzzüge – die die »ungläubigen« Muslime aus dem Heiligen Land treiben sollen, das sie inzwischen unter ihre Herrschaft gebracht haben – ganz Mittel- und Westeuropa ergreift. Zu Tausenden schließen sich die Menschen zusammen. Viele von ihnen aber ziehen 1096 nicht ins Heilige Land, sondern in die rheinischen Metropolen, wo in den Häusern der »Gottesmörder«, die sich als auserwähltes Volk bezeichnen, reiche Beute winkt. Hass und Habgier bilden eine mörderische Mischung: 3000 Juden fallen dem zwei Monate andauernden Kreuzzug hier zum Opfer.

Die jüdische Gemeinde zu Mainz wird an diesem »Tag der Dunkelheit«, dem 27. Mai 1096, nach jüdischer Zeitrechnung der 3. Siwan 4856, nahezu ausgelöscht. Auch rheinabwärts, in Metz, Köln, Neuss, Xanten oder Regensburg werden Hunderte erschlagen, verbrannt oder ertränkt. Mindestens ebenso viele ziehen den Freitod als Märtyrer »zur Heiligung Gottes« vor und töten die eigenen Kinder, dann sich selbst. Vor die Wahl zwischen Tod oder Taufe gestellt, hält der Gottes Gesetzen treue Jude an seinem Glauben fest und wählt *Kiddusch ha-Schem,* den Tod zu Ehren Gottes. In dieser Zeit entstehen bestimmte Rituale des Gedenkens der Toten – für die Opfer der Kreuzzüge wird von den Trauernden das alte aramäische *Kaddisch*-Gebet gesprochen.

In der Diaspora

Ausgrenzung und Ausweisung
Auf dem 4. Laterankonzil 1215 beschließt die Kirche, dass Juden keine öffentlichen Ämter bekleiden, sich in der Osterzeit nicht auf der Straße zeigen dürfen und an ihrer Kleidung erkennbar sein müssen. In etlichen deutschen Diözesen müssen sie jetzt den gelben spitzen »Judenhut«, einen »Judenrock« (*Kaftan*) mit gelbem Brustzeichen, einen langen spitzen Bart und einen »Judenstock« tragen.

Die Verfolgung der Juden seitens der Kirchenführer stößt bei den weltlichen Herrschern auf Widerstand. Kaiser Friedrich II. stellt sie als »Knechte der kaiserlichen Kammer« unter seinen Schutz, der allerdings bezahlt werden muss. Die »Judensteuer« erweist sich als einträgliche Quelle, vor dem wachsenden religiösen Hass schützt sie nicht.

Schon seit längerem beschuldigt man die Juden des »Hostienfrevels« – sie würden das zum Abendmahl verteilte Brot bzw. die Oblaten stehlen, durchstoßen und zum Bluten bringen – sowie des »Ritualmords«: Sie werden verdächtigt, das Blut von Christenkindern zur Feier des Pessachfestes zu benutzen. Als 1349 die von Ratten eingeschleppte Pest über ein Drittel der Bevölkerung Europas dahinrafft, werden sie beschuldigt, die Seuche durch Brunnenvergiftungen verursacht zu haben.

Solche Dämonisierung findet unter den Christen großen Widerhall, verkörpern die Juden doch »das Fremde« schlechthin. Den Namen ihres Gottes sprechen sie nie aus. Ihre Schrift entsteht aus rätselhaften Zeichen von rechts nach links. Sie meiden manche Speisen. Ihr Jahr folgt den Mondphasen, ihre Monate tragen archaische babylonische Namen. Sie heiligen den Sabbat und nicht den Sonntag und feiern andere Feste. Es kommt zu mörderischen Ausschreitungen. Eine Stadt nach der anderen entzieht ihnen jetzt das Aufenthaltsrecht.

Land- und Hofjuden
Wer überlebt, sucht Zuflucht auf dem Land. Weit versprengt, müssen die Juden dort ein Gemeindeleben, eine Synagoge, einen ortsansässi-

Die jüdischen Gemeinden in Aschkenas

gen Rabbiner und einen eigenen Friedhof entbehren, ihre Toten oft gegen hohe Zollzahlungen über viele Landesgrenzen transportieren, damit sie in geweihter Erde begraben werden können. Als Bauern oder Handwerker dürfen sie nicht arbeiten, die Nische, die man ihnen lässt, ist der Handel mit Landgütern. Viehhandel und Hausieren werden ihre wichtigsten Berufsfelder. Ihr Rechtsstatus ist prekär, von der willkürlich erteilten oder entzogenen Gunst des jeweiligen Landesherrn abhängig.

Fürsten und Reichsritter, oberste Herren über Recht und Gesetz, über Steuern und Abgaben, stellen zwar, da sie sich von jüdischen Siedlern Kapital und Geschäftsverbindungen versprechen, zeitlich befristete Schutzbriefe aus. Aber nur eine Minderheit kann diese bezahlen und damit ein Wohnrecht erwerben. Die anderen ziehen, nachdem ihnen vielerorts, weil sie zu keinen Abgaben fähig sind, das Niederlassungsrecht verweigert wird, als »Betteljuden« über Land und leben von der Barmherzigkeit ihrer Glaubensbrüder: Den Armen zu helfen ist **Mizwa**, göttliches Gebot. So verteilen die jüdischen →S. 20 Gemeinden »Bletten«, Gutscheine für eine Übernachtung und ein Essen bei einer jüdischen Familie. Aber länger als eine Nacht darf sich niemand ohne Schutzbrief an einem Ort aufhalten. So werden im 17. Jahrhundert Tausende von Juden zu bettelnden Vagabunden.
Der Dreißigjährige Krieg, der seit 1618 den Kontinent verwüstet und etwa die Hälfte der deutschen Bevölkerung dahinrafft, ermöglicht ihnen im Schutz der Truppen die Rückkehr in die deutschen Lande. Die Armeen brauchen Kleidung, Waffen, Pferde und Bargeld, und niemand kann ihnen das so schnell und in so großen Mengen liefern wie die jüdischen Händler. Eine kleine Schicht, als Armeelieferant wohlhabend geworden, rückt in der desolaten wirtschaftlichen Lage nach dem Krieg in den Rang von »**Hofjuden**« auf. Für die notorisch klammen Landesfürs- →S. 88 ten werden sie – dank ihrer Kontakte zu den Finanzzentren in Amsterdam und Wien, London und Paris – zu unentbehrlichen Kreditgebern, die den barocken Herrschern Schlösser und Equipagen finanzieren. Oft

bilden sie den Kern der neu entstehenden jüdischen Gemeinschaften, setzen sich für ihre Glaubensbrüder ein, finanzieren jüdische Einrichtungen und hebräische Druckereien und tragen so zur Konsolidierung eines jüdischen Gemeindelebens bei. Ihre vielfältigen Geschäftsbeziehungen bringen sie in zunehmenden Kontakt mit der nichtjüdischen Kultur ihrer Umwelt. Das bleibt nicht ohne Einfluss auf sie: Ihre Nachkommen gehören am Ende des 18. Jahrhunderts zu den vehementesten Fürsprechern der mit der Aufklärung einsetzenden Akkulturation.

AUS DEM GHETTO IN DIE GESELLSCHAFT

Im Europa des 18. Jahrhunderts ist die Aufklärung auf dem Vormarsch. Und sie erfasst auch die jüdischen Gemeinden. Moses Mendelssohn, 1743 nach Berlin, in eine der größten und wohlhabendsten Gemeinden, gekommen, wird zum geistigen Vater der innerjüdischen Aufklärungsbewegung *Haskala*, von hebräisch *sechel*, »Verstand«. Judentum müsse auf den aufgeklärten Gedanken der Vernunft gegründet sein, schreibt Mendelssohn – nur so werden auch die Juden Bürger des modernen Staates werden.

Die Maskilim

Seine Anhänger, die *Maskilim*, hoffen, ihre Glaubensbrüder mit der Öffnung des Judentums auf weltliche Bildung und Erziehung aus dem Ghetto ihrer abgeschotteten Welt herauszuführen und ihre gesellschaftliche Gleichstellung vorantreiben zu können. An dem Glauben ihrer Väter sollen sie festhalten, fordert Mendelssohn, aber doch loyale Bürger des preußischen Staats sein und sich der fremden Kultur öffnen. »Schicket Euch in die Sitten und die Verfassung des

Landes, in welches Ihr versetzt seid; aber haltet Euch standhaft bei der Religion Eurer Väter.« Die jiddische Sprache, von vielen aufgeklärten Juden als »Judengemauschel« verachtet, sollen sie aufgeben, Deutsch, Englisch und Französisch lernen, und in weltlicher Bildung, in Mathematik, Logik und Philosophie, unterwiesen werden. Dafür gründen die Maskilim die ersten jüdischen »Freyschulen«.

Als unter Mendelssohns Leitung die Fünf Bücher Mose ins Deutsche übersetzt werden, trägt ihm das harsche Kritik ein: »Unsere Tora«, wettert der berühmte Rabbi Jecheskel Landau, »wird dadurch herabgewürdigt zur Rolle einer Dienerin der deutschen Sprache.« Wer Glaubensfreiheit vom Staat und Bürgerrechte für die Juden fordere, wehrt sich Mendelssohn, müsse auch geistig das Ghetto verlassen und Neuerungen ermöglichen, sonst würde die jüdische Religion eines Tages höchstens noch eine winzige Minderheit überzeugen können. Wahrer Glaube kenne »keine andere Macht als die Macht, durch Gründe zu gewinnen und durch Überzeugungen glückselig zu machen«. Vielen der wirtschaftlich aufgestiegenen Juden in den größeren Städten, die die vielfältigen religiösen Vorschriften inzwischen als Hindernis auf dem Weg zur gesellschaftlichen Anerkennung empfinden und religiöse Reformen wollen, spricht er damit aus dem Herzen. Die traditionalistischen Rabbiner hingegen, deren Macht Mendelssohn eingeschränkt wissen will, weil sie jeglicher Neuerung ablehnend gegenüberstehen, werden zu entschiedenen Gegnern dieser neuen »Berliner Religion«.

Die Spaltung der Gemeinden
In den ländlichen Gemeinden, in denen die Mehrheit der deutschen Juden zu Hause ist, behaupten sich die Traditionalisten. Dass jetzt jüdische Kinder auf Schulen gehen, an denen auch am Sabbat Unterricht erteilt wird, dass die deutsche Sprache, Orgelmusik, Lieder und Chorgesang Einzug in den Gottesdienst halten, der in einem »**Tempel**« →S. 24 stattfindet, um durch die Namensgebung zu dokumentieren, dass man den Gedanken an Rückkehr nach Erez Israel aufgegeben hat, alle

diese Reformen missbilligen ihre Rabbiner, sie sehen ihre Autorität als Richter in allen Angelegenheiten des jüdischen Religionsgesetzes dadurch in Frage gestellt.

Ein Riss zieht sich bald durch viele Gemeinden, zuweilen selbst durch Familien. Immer wieder dreht sich der Streit um die Frage der Beachtung jüdischer Gesetze. Soll man seine Söhne, wie es die Tradition vorschreibt, noch beschneiden lassen? Oder taufen? Wo ist die Heimat? In Deutschland, dem Land, in dem man geboren ist? Oder im fernen Palästina, dem Land der Väter?

In der Mitte des 19. Jahrhunderts ist die bedeutende Breslauer Gemeinde die erste, die sich über solche Fragen spaltet. Ein Teil folgt dem orthodoxen Rabbi Salomon Tiktin, der Symbolfigur der alten Ordnung, ein anderer Teil dem Reformer Abraham Geiger, der die Beschneidung als »barbarisch«, die Speisegesetze als »geistlos« kritisiert und die heiligen Texte nicht mehr als Gesetz, sondern als »Urkunden vom Geiste des Judentums« ansieht. Das Breslauer Modell der Aufspaltung in Orthodoxe und Reformer macht Schule und wird von anderen Gemeinden übernommen. Fortan gibt es nicht mehr die eine jüdische Gemeinde, ihre Einheit ist zerbrochen, sie verliert an Autorität über das Leben des Einzelnen. Sie wird zu einem freiwilligen konfessionellen Zusammenschluss, dem man beitreten oder auch fernbleiben kann.

Der Weg in die Akkulturation

1791, zwei Jahre nach der Französischen Revolution, werden in Frankreich »alle auf jüdische Individuen bezogenen Aufschübe, Vorbehalte oder Ausnahmen« abgeschafft. Mit dem Sieg Napoleons über weite Teile Europas werden die Restriktionen für die Juden aus Frankfurt, Mainz, Venedig und Rom gelockert und die Tore der Ghettos geöffnet, die in vielen Städten entstanden sind. Die italienischen Juden, die als Erste 1516 in Venedig in abgetrennten Vierteln kaserniert wurden, ehren Napoleon mit dem Beinamen *helek tov*, hebräisch für

Der Weg in die Akkulturation

»guter Teil«, *bona parte*. 1848 tritt der erste getaufte Jude ins französische Kabinett ein; 1868 wird Benjamin Disraeli britischer Premierminister. Binnen weniger Generationen wird aus dem überwiegend auf dem Lande beheimateten, als Hausierer, Pfandleiher und Viehhändler lebenden westeuropäischem Judentum eine urbane bürgerliche Gemeinschaft, die ihr Leben in der Parallelgesellschaft, als »Staat im Staat« aufgibt und ihren religiösen Lebensstil säkularisiert.

Für die deutschen Juden hingegen ist die erste Hälfte des 19. Jahrhunderts keine gute Zeit. Dass die napoleonischen Truppen die Tore der Ghettos geöffnet haben, macht sie in den Augen ihrer christlichen Nachbarn zu Kollaborateuren der verhassten Franzosen. Der Widerstand gegen die »Verjudung« gewinnt an Boden. 1819 brechen Pogrome aus. Unter dem Ruf »Hep! Hep!« und »Jude, verreck!« plündert der Mob jüdische Häuser und zündet Synagogen an. Adam Müller, Sprecher der 1812 gegründeten Christlichen Tischgesellschaft, der hohe Militärs und prominente Vertreter des Adels und des Bürgertums angehören, fordert Krieg gegen dieses »Gezücht«, das sich »mit wunderbarer Frechheit (...), in den Staat, in die Wirtschaft, in die Kunst, in die Gesellschaft (...) einzuschleichen, einzudrängen und einzuzwängen« versuche.

Bisher sind die Juden den christlichen Deutschen als eine fremde Gemeinschaft erschienen, die in ihrem »Judenviertel« lebte, anderen Sitten und Gebräuchen folgte, aber unter sich blieb. Mit Moses Mendelssohn haben sie das Ghetto verlassen und den Weg in eine zunehmend säkulare und auf individuellen Rechten fußende Gesellschaft angetreten. Sie leben jetzt mitten unter ihren christlichen Mitbürgern, sie sprechen und schreiben oft besser Deutsch als sie, haben ihre Bärte, ihre traditionelle Kleidung, häufig sogar ihren jüdischen Namen abgelegt. Die meisten von ihnen glauben, nur dann Aussicht auf gesellschaftliche Anerkennung zu haben, wenn sie sich assimilieren. Sie wollen nicht mehr heimgeführt werden ins Gelobte Land, sondern identifizieren sich mit dem Staat, in dem sie leben. Viele

Aus dem Ghetto in die Gesellschaft

sind inzwischen bekennende Patrioten geworden. Der Magdeburger Rabbiner Ludwig Philippson versichert: »Wir erkennen unsere Sache fortan als keine besondere mehr, sie ist eins mit der Sache des Vaterlands, sie wird mit dieser siegen oder fallen. Wir sind und wollen nur Deutsche sein!«

→S.92   Später als in anderen europäischen Ländern erhalten sie **staatsbürgerliche Rechte**. Erst nachdem 1871 das »Deutsche Reich« im Spiegelsaal von Versailles aus der Taufe gehoben und der preußische König Wilhelm I. zum deutschen Kaiser gekrönt worden ist, gilt in allen deutschen Bundesländern: »Alle noch bestehenden, aus der Verschiedenheit des religiösen Bekenntnisses hergeleiteten Beschränkungen der bürgerlichen und staatsbürgerlichen Rechte werden hierdurch aufgehoben.« Endlich, jubelt der für die Fortschrittspartei im Preußischen Landtag sitzende jüdische Abgeordnete Raphael Korsch, seien die deutschen Juden »in den sicheren Hafen eingelaufen«.

Die Mehrheit von ihnen unterstützt Kanzler Otto von Bismarck. Wirtschaftlich profitieren sie von seiner Liberalisierungspolitik, bis der wachsende Spekulations-Boom 1873 zu einem großen Börsenkrach führt, bei dem viele Menschen ihr gesamtes Vermögen verlieren. Bismarck und »seine Juden« werden dafür verantwortlich gemacht. »Jüdischem Finanzgebaren«, der »Verschlagenheit« und der »Dreistigkeit« der Juden sei die Krise zu verdanken, heißt es. Ein neues Wort kommt auf, das in den nächsten Jahrzehnten Geschichte machen wird: »Antisemitismus.«

Der gesellschaftlich zunehmende Antisemitismus, der sich nicht nur in Deutschland öffentlich immer stärker bemerkbar macht, ist nicht die einzige Konfliktlinie, vor die sich die europäischen Juden an der Jahrhundertwende gestellt sehen. Eine andere geht aus dem Dissens innerhalb des Judentums hervor, welche Konsequenzen aus der kontinuierlichen Erfahrung gesellschaftlicher Unsicherheit zu ziehen sind. Der Streit darüber verschärft sich, als um die Jahrhundertwende mehr als zwei Millionen »Ostjuden« nach Westen aufbrechen. Denn anders als die Juden im westlichen Teil Europas, die zu Staatsbürgern jüdischen Glaubens geworden sind, hat der Großteil der Juden im Osten und Südosten Europas bisher unter traditionellen Bedingungen gelebt. Unter ihnen finden sich bald viele, die dem Weg der Akkulturation nicht folgen wollen.

Die Chassiden

Durch ihren gesellschaftlichen Aufstieg selbstbewusster geworden, gründen die assimilierten deutschen Juden eigene Organisationen, um sich gegen die wachsenden Ressentiments zur Wehr zu setzen. 1893 entsteht in Berlin der »Central-Verein«, um »die deutschen Staatsbürger jüdischen Glaubens« in »der tatkräftigen Wahrung ihrer staatsbürgerlichen und gesellschaftlichen Gleichstellung sowie in der unbeirrbaren Pflege deutscher Gesinnung zu bestärken«. Nicht alle halten dies für die angemessene Antwort auf die wieder zunehmende gesellschaftliche Unsicherheit, besonders die jüngere Generation will ihr Judentum nicht länger verstecken. Nicht der Antisemitismus, sondern die Assimilation würde die Auflösung der jüdischen Gemeinden mit sich bringen, so der Philosoph Martin Buber. Er fordert eine Wiederbelebung der jüdischen Identität – weder Taufe noch Absonderung, sondern die bewusste Annahme der jüdischen Kultur als Teil der deutschen. Durch Buber, in Wien geboren und im polnischen Galizien aufgewachsen, erlebt der *Chassidismus* – im Westen wegen seiner »Wunderrabbiner«, die oft auch mit Zaubersprüchen, Amuletten und anderen Formen der Magie arbeiten, als Aberglaube verspottet, im jüdischen »Schtetl« Osteuropas aber weit verbreitet – eine Renaissance. Von dem Schtetl, der jüdischen Siedlung oder dem jüdischen Viertel einer Kleinstadt, wo die Sprache, die Kleidung, die Sitten noch traditionell sind, verspricht man sich jetzt Erneuerung.

Das hebräische Wort *chassidut* bedeutet Frömmigkeit. Für die Chassiden stehen *simcha* (Freude) und Frömmigkeit im Zentrum der

Aus dem Ghetto in die Gesellschaft

Gottesverehrung. Dem Einzigen kann man sich nicht nur durch das Talmudstudium, sondern auf vielerlei Wegen nähern: durch Naturverbundenheit, Freude und Fröhlichkeit, Gesang und Tanz.

Im 14. Jahrhundert, als nach der Pest die Verfolgung der Aschkenasim einen Höhepunkt erreichte, sind viele der Vertriebenen nach Polen ausgewandert, wo die Verbreitung der Ritualmordlüge unter Strafe gestellt war, die Juden keine besondere Kleidung tragen mussten, die innerjüdische Autonomie gewahrt war und Friedhöfe wie Synagogen geschützt wurden. So entstanden schon bis zur Mitte des 17. Jahrhunderts in den Territorien Polens und Litauens die größten jüdischen Gemeinden Europas. Hier konnten sie ihre eigene Sprache, Jiddisch, sprechen, ihre Feiertage zelebrieren und ihre religiösen und weltlichen Angelegenheiten selbst regeln.

In ihrem Schtetl gibt es eine Synagoge, einen Friedhof und eine →S. 28 **Mikwe**, das rituelle Badehaus. Die Jungen besuchen den *Cheder* (Zimmer), wo sie eine elementare Unterweisung in Tora und Talmud, in Gebete und Gesetze erhalten und Hebräisch lesen lernen. Wer an einer Jeschiwa, einer jüdischen Akademie, studiert, lernt auch die Texte der mystischen Literatur kennen und wird mit dem jüdischen Recht vertraut gemacht. Nach erfolgreichem Studium erhält der Absolvent den Titel eines *chawer* und kann Lehrer, Toraschreiber oder – nach weiteren Studienjahren – sogar Rabbi werden.

Für die Maskilim sind die Chassiden eine Provokation, lehnen sie doch jegliche weltliche Bildung ab. Sie bleiben auch bei ihrem »Judendeutsch«, einem Amalgam aus Mittelhochdeutsch, durchsetzt mit hebräischen, aramäischen und slawischen Lehnwörtern, das sie Jahrhunderte vorher auf ihrer Flucht nach Osteuropa mitgenommen haben und das sie im Zarenreich, in Polen und anderen Teilen Europas über die Zeiten hinweg miteinander verbunden hat. Das Hebräisch als Alltagssprache lehnen die Chassiden ab – es ist in ihren Augen ausschließlich dem Gebet und den heiligen Schriften vorbehalten.

Auch die Liebe zum Gelobten Land spielt bei ihnen eine große Rolle, ganz anders als bei den assimilierten westeuropäischen Juden, die Abschied genommen haben von dem Gedanken der Heimkehr. Gemeinsam mit vielen nichtchassidischen Juden macht sich schon am Ende des 18. Jahrhunderts eine große Gruppe unter Führung ihres **Zaddik**, Menachem Mendel von Witebsk, nach Galiläa auf. Nur durch →S. 22
den Zaddik, den geistigen Führer oder »Gerechten«, dem zuweilen übernatürliche Kräfte zugeschrieben werden, kann dem einzelnen Chassiden göttliche Gnade zuteil werden. Anders als der von der Gemeinde gewählte Rabbi ist der Zaddik durch Abstammung legitimiert – Söhne oder Schwiegersöhne folgen ihm nach.

Der Zionismus

Seit der zaristischen Einverleibung von Litauen und Teilen Polens sind in Russland fünf Millionen Juden beheimatet; als dort Ende des 19. Jahrhunderts Pogrome ausbrechen, machen sich mehr als zwei Millionen von ihnen nach Westen auf, die meisten mit dem Ziel Amerika, viele wollen nach Palästina, wo der jüdische Philanthrop Edmond James de Rothschild Land von den Arabern aufkauft, um jüdischen Auswanderern aus Europa eine Heimstatt zu bieten. In den nächsten Jahrzehnten verschiebt sich das Zentrum jüdischen Lebens nach Palästina und nach Amerika – New York und Chicago steigen in dieser Zeit zu den Städten mit der größten jüdischen Bevölkerung auf.

Berlin ist für diese Ostjuden oft die Zwischenstation auf dem Weg nach Übersee, wenn die Mittel für die teure Reise über den Atlantik fehlen. Auf die Solidarität ihrer deutschen Glaubensbrüder können die Neuankömmlinge kaum hoffen. In ihren langen Kaftanen, mit ihren Schläfenlocken und ihrem Jiddisch verkörpern sie ein Judentum, das von der Mehrzahl der assimilierten Juden als rückständig abgelehnt wird. Denn anders als die Juden im westlichen Teil Europas, die zu Staatsbürgern jüdischen Glaubens geworden sind, hat der

Großteil der Juden im Osten und Südosten Europas bisher in einer von Armut und Enge gezeichnete Gemeinschaft gelebt, an der Aufklärung und Emanzipation vorbeigegangen sind, die dafür aber intakt geblieben zu sein scheint.

Aus den Kreisen der Ostjuden geht ein Autor hervor, der mit seiner Schrift *Autoemancipation! Mahnruf an seine Stammesgenossen von einem russischen Juden*, die 1882 in Berlin erscheint, die Auseinandersetzungen in den jüdischen Gemeinden anfacht. Der Verfasser, Leon Pinsker, ein junger Mediziner aus einer aufgeklärten russischen Familie in Odessa stammend, erteilt darin jeglicher Verbindung von Judentum mit der Mehrheitskultur und dem Patriotismus der deutschen Juden eine entschiedene Absage: »Das jüdische Volk hat kein eigenes Vaterland, wenn auch viele Mutterländer; es hat kein Zentrum, keinen Schwerpunkt, keine eigene Regierung, keine Vertretung. Es ist überall anwesend und nirgends zu Hause. (...) So ist der Jude für die Lebenden ein Toter, für die Eingeborenen ein Fremder, für die Einheimischen ein Landstreicher, für die Besitzenden ein Bettler, für die Armen ein Ausbeuter und Millionär, für die Patrioten ein Vaterlandsloser, für alle Klassen ein verhasster Konkurrent.« Aus dieser unwürdigen Existenz können sich die Juden nur befreien, indem sie sich bewusst von den Nationen verabschieden, in denen sie seit Generationen zu Hause sind, und ein »eigenes Land« gründen.

Viele von Pinskers Glaubensgenossen sind entsetzt, sie fürchten, sein Aufruf gieße Öl ins Feuer des Antisemitismus. Juden seien rassisch »minderwertig« und unüberbrückbar »anders«, hat der Journalist Wilhelm Marr 1879 geschrieben und im Kaiserreich für die Rücknahme der rechtlichen Gleichstellung der Juden geworben. Unterstützung findet er bei dem 1874 zum Hofprediger an den Berliner Dom berufenen Adolf Stoecker, der großen Einfluss auf die konservative Führungselite des Reiches ausübt und die Kleinbürger und die Arbeiter erfolgreich agitiert – das »jüdische Kapital« sei schuld, dass sie die Verlierer der Modernisierung sind. Er fordert, den »giftigen Tropfen der Juden aus unserem Blute« loszuwerden, deren »Kinder und Kindeskinder«, so der angesehene Historiker Heinrich von Treitschke 1879, »dereinst Deutschlands Börsen und Zeitungen beherrschen sollen. ... in Tausenden deutscher Dörfer sitzt der Jude, der seine Nachbarn wuchernd aufkauft. ... Bis in die Kreise höchster Bildung hinauf ... ertönt es heute wie aus einem Munde: die Juden sind unser Unglück!«

Zustimmung aber findet Pinsker bei jenen, die inzwischen überzeugt davon sind, dass Sicherheit nur ein eigener »Judenstaat« geben wird. Sie finden sich zur »zionistischen Bewegung« zusammen.

Ein heftiger Kampf bricht um die Orientierung in den jüdischen Gemeinden aus. Wieder einmal ist das Judentum gespalten: Wo ist seine Zukunft? In Europa? In Amerika? In Palästina? Welche Sprache soll es sprechen – Jiddisch, Hebräisch oder die seiner jeweiligen Umgebung? Wie soll seine Religion praktiziert werden – traditionell, liberal, orthodox oder gar nicht?

Der Judenstaat

Theodor Herzl (1860–1904), Sohn eines deutschen Kaufmanns und assimilierter Jude, wird die charismatische Persönlichkeit, die aus dem Traum von der Rückkehr nach Palästina (»Nächstes Jahr in Jerusalem!«) eine politische Bewegung formt und die Juden Europas erstmals über alle Grenzen hinweg für eine säkulare Idee begeistert: die Errichtung eines »Judenstaats«.

Als Korrespondent der angesehenen »Neuen Freien Presse« in Paris hat Herzl den Prozess gegen den bekennenden Juden Albert Dreyfus verfolgt, der damals in ganz Europa für großes Aufsehen sorgt. Dreyfus, der 1870, nachdem die Deutschen die Franzosen besiegt haben, seine Heimat im Elsaß verlassen und in Frankreich militärische Karriere gemacht hat, wird 1894 der Spionage für die Deutschen angeklagt und zu lebenslanger Haft auf der Teufelsinsel

Aus dem Ghetto in die Gesellschaft

in Französisch-Guinea verurteilt. Der Verdacht, hier werde ein Unschuldiger verurteilt, weil er Jude sei, führt zu europaweiten Protesten. Der französische Schriftsteller Émile Zola schreibt einen offenen Brief an seinen Präsidenten – »J'accuse« (»Ich klage an«) – und muss vor der drohenden Verhaftung nach England flüchten. Minister stürzen, eine Regierung tritt zurück. 1906 wird Dreyfus freigesprochen.

Die »mort aux juifs!« (»Tod den Juden!«) skandierende Menge vor der École Militaire – im Mutterland der Emanzipation! – hat Herzl jede Hoffnung auf Integration seiner Glaubensbrüder geraubt. 1896 erscheint sein Buch *Der Judenstaat*, in dem er den allgegenwärtigen Antisemitismus beschreibt: »In Russland werden Judendörfer gebrandschatzt, in Rumänien erschlägt man ein paar Menschen, in Deutschland prügelt man sie gelegentlich durch, in Österreich terrorisieren die Antisemiten das ganze Leben ... Die Nuancen sind zahllos.« Und er fährt fort: »Wir sind ein Volk, *ein* Volk. Wir haben überall ehrlich versucht, in der uns umgebenden Volksgemeinschaft unterzugehen und nur den Glauben unserer Väter zu bewahren. Man lässt es nicht zu. Wer der Fremde im Land ist, das kann die Mehrheit entscheiden ...« Sicherheit und Selbstbestimmung, so Herzl, könne es für die Juden nur in einem eigenen Judenstaat geben, an einem Ort, an dem die »soziale und kulturelle Zukunft des jüdischen Stammes« gesichert ist, wie der Kölner Jurist Max Bodenheimer in seinem Aufruf »Zionisten aller Länder, vereinigt euch!« es formuliert.

1897, auf dem ersten Weltkongress der zionistischen Vereinigung in Basel, stimmen Delegierte aus 16 Ländern der Forderung nach »Schaffung einer öffentlich-rechtlich gesicherten Heimstätte in Palästina« zu. 1901 wird in Basel der Jüdische Nationalfonds (JNF) gegründet, mit dessen finanzieller Unterstützung Grundstücke in Palästina erworben, zum unveräußerlichen Besitz des jüdischen Volkes erklärt und von Juden besiedelt werden. 1912 fordert Kurt Blumenfeld, Präsident der Zionistischen Vereinigung in Deutschland, dass jeder Zionist es sich zur »Pflicht« zu machen habe, »die Übersiedlung nach Palästina« in sein »Lebensprogramm aufzunehmen«.

Die Empörung darüber ist groß. Allen voran die liberalen Rabbiner sehen ihr Lebenswerk in Frage gestellt – die immer wieder erstrebte Integration in die deutsche Kultur und ihre Anerkennung als deutsche Patrioten. Dieser Dissens droht die jüdische Gemeinschaft fast zu zerreißen. Aber die Einwanderung zionistischer Aktivisten aus Europa ist nicht mehr aufzuhalten. Nach dem Ersten Weltkrieg schlägt ihre Stunde.

Schon während des Krieges verflüchtigen sich die anfängliche Siegesgewissheit der Deutschen und die vom Kaiser 1914 eingeforderte patriotische Einigkeit, in die auch die jüdischen Verbände und Vereine eingestimmt und erklärt haben, »als deutsche Bürger freudig alle Forderungen an Hab und Gut, an Leben und Blut« (so der Central-Verein) zu erfüllen, kämpft doch das Deutsche Kaiserreich gegen Russland, den »Erzfeind«, der seine Juden verfolgt; viele Juden hat das motiviert, sich freiwillig zum Kriegsdienst zu melden, selbst bereits Ausgewanderte kehren nach Deutschland zurück. Aber die Aussichtslosigkeit und die Niederlagen nähren eine neue Welle des Antisemitismus, der sich insbesondere gegen den Aufstieg von Juden in Offizierspositionen richtet. 1916 ordnet das Kriegsministerium die »Judenzählung« an, um den Beschwerden nachzugehen, die Juden drückten sich vor der Wehrpflicht. Von der jüdischen Bevölkerung wird sie als tiefe Demütigung empfunden. Sogar der stets auf Ausgleich bedachte Central-Verein erklärt 1918, dass es an der Zeit sei, die Mäßigung aufzugeben und »zum Angriff überzugehen«, während die zionistische Zeitschrift *Ost und West* prophetisch verkündet, »dass wir uns auf einen Judenkrieg nach dem Krieg gefasst machen müssen«.

Als der Kaiser 1918 abdanken muss und die Republik ausgerufen wird, flackert noch einmal die Hoffnung auf bessere Zeiten auf. Doch für die »Schmach« des »Diktats von Versailles«, mit dem

Deutschland die »Alleinschuld« am Krieg gegeben wird, werden nicht die alten Eliten des Kaiserreiches verantwortlich gemacht, sondern die neuen republikanischen Kräfte – und die Juden. Weit über fünfhundert Zeitschriften kanzeln den demokratischen Staat von Weimar als »Judenrepublik« ab.

Die zermürbende Erfahrung des »Großen Krieges« stärkt die Mobilisierung für die Auswanderung. Der *Hechaluz* (Pionier), eine 1918 in Deutschland gegründete zionistische Organisation, bildet in mehr als 80 *Hachschara*-Lagern (Ertüchtigung für einen höheren Zweck) Jugendliche wie Erwachsene in handwerklichen und landwirtschaftlichen Berufen aus, um sie für die *Alijah*, die Zukunft in Palästina, zu rüsten. Palästina ist für die Zionisten anfangs nur eine denkbare Möglichkeit, auch Argentinien und Uganda werden als Zufluchtsorte für die Alija erwogen, dann aber verworfen.

Noch bis zum Ersten Weltkrieg wandern viel mehr Juden in die USA als nach Palästina aus – etwa 850 000. Im Heiligen Land steigt ihre Zahl bis 1914 auf nur etwa 80 000 an. Das ändert sich in der Zeit zwischen den beiden Weltkriegen, als viele ostmitteleuropäische Juden, die auch das Gros der Zionisten stellen, nach Palästina kommen und das Land zunehmend in Besitz nehmen. Innerhalb von zwanzig Jahren verdoppelt sich die Zahl der in Palästina lebenden Juden. Je mehr Siedler ins Land kommen, desto bedrohter fühlen sich die einheimischen Araber. Von Beginn an gibt es Konflikte zwischen ihnen und den neuen jüdischen Siedlern, die sich im Laufe der Jahre zu einer eskalierenden Spirale der Gewalt hochschaukeln. 1924 wird der orthodoxe Politiker Jacob Israel de Haan in Palästina ermordet, der sich für eine Verständigung mit den Palästinensern eingesetzt hatte, und 1929 überfallen arabische Einheiten zahlreiche jüdische Siedlungen; die Zionisten reagieren darauf mit weiteren Landbesetzungen, die arabischen Extremisten antworten mit Vergeltungsschlägen. Der »Nahost-Konflikt« existiert schon, als 1948 vom Nationalrat der Juden der Staat Israel gegründet wird.

DIE NATIONALSOZIALISTISCHE »JUDENPOLITIK«

Am 30. Januar 1933 wird Adolf Hitler zum Reichskanzler ernannt und am 5. März 1933 mit den Stimmen von 43,9 Prozent aller Wähler in seinem Amt – und mit ihm eine in aller Offenheit vertretene »Judenpolitik« – bestätigt. Am 23. März macht das Ermächtigungsgesetz, dem im Reichstag nur die Sozialdemokraten die Zustimmung verweigern, den Weg in die Diktatur frei.

Nur wenige deutsche Juden erkennen das Ausmaß der Gefahr. Viele glauben, dass der nationalsozialistische »Spuk« bald vorüber sein wird – eine Fehleinschätzung, die selbst von internationalen jüdischen Organisationen zunächst geteilt wird; erst später leisten etwa die »Jewish Agency for Palestine«, der »World Jewish Congress«, das »Council for German Jewry« oder das »American Jewish Joint Distribution Committee« finanzielle Unterstützung bei der Flucht deutscher Juden.

Nach den Nürnberger Gesetzen vom 15. September 1935, die »Mischehen« zwischen Ariern und Nichtariern als »Rassenschande« unter Strafe stellen und den Juden das Wahlrecht entziehen, gewinnt die zionistische Strömung an Boden, die seit Jahrzehnten Erfahrungen in der Auswanderungspraxis gesammelt hat. Bis Ende 1938 haben etwa 130 000 jüdische Deutsche das Land verlassen. Wenige Staaten sind bereit, sie aufzunehmen, und erschweren überdies stetig die finanziellen Aufnahmebedingungen. Nur in der internationalen Zone von Shanghai gibt es keine Einwanderungsbeschränkung. Hier finden 15 000 Flüchtlinge ein sicheres Exil. Viele hingegen, die in Deutschlands Nachbarländern Schutz suchen, sehen sich mit dem 1939 beginnenden Krieg und dem Vormarsch der deutschen Wehrmacht von der nationalsozialistischen »Judenpolitik« bald wieder eingeholt.

Die nationalsozialistische »Judenpolitik«

Ab Oktober 1941 wird den noch in Deutschland und den besetzten Gebieten verbliebenen Juden die Auswanderung untersagt und am 20. Januar 1942 auf der Wannsee-Konferenz die »Endlösung der Judenfrage« organisiert – die physische Vernichtung der europäischen Juden in Konzentrationslagern. Als die Alliierten 1945 die Lager befreien, sind sechs Millionen Juden ermordet worden.

Die Überlebenden finden dort, wo sie gelebt haben, nichts wieder, weder ihre Familien und Freunde noch ihren Besitz. Eine Existenz in Europa scheint unmöglich geworden, zumal die antisemitische Haltung bei einem großen Teil der Bevölkerung weiterhin vorhanden ist. Auch nach Kriegsende flüchten viele osteuropäische Juden wieder aus ihrer Heimat.

In den sogenannten Displaced Persons (DP) Camps der US-amerikanischen Besatzungszone organisieren Lagerkomitees mit Hilfe großer jüdischer Organisationen die Auswanderung in die USA und nach Palästina, um die jüdischen Menschen aus dem »Schlachthaus« wegzubringen. Die strengen Einwanderungsbedingungen für Großbritannien, für das britische Mandatsgebiet Palästina oder für die USA sind von den meisten »Ortlosen«, denen nichts als ihr Leben geblieben ist, kaum zu erfüllen. Erst 1948 öffnet Amerika die Grenzen für alle Verfolgten und Vertriebenen des Nationalsozialismus.

Zwei Jahre zuvor hat der Chef der Jüdischen Agentur für Palästina, David Ben Gurion, die DP-Camps bereist und die Überlebenden aufgefordert, sich als Teil der »jüdischen Nation« zu betrachten und »heimzukehren«. Etwa 200 000 Menschen schließen sich der illegalen Einwanderung nach Palästina an und erhöhen dadurch den Druck sowohl auf die Siegermächte als auch auf internationale Gremien wie die Vereinten Nationen, endlich eine Lösung für die überall in Europa heimatlos gewordenen Juden zu finden.

DIE GRÜNDUNG DES STAATES ISRAEL

Weite Teile des später Palästina genannten Heiligen Landes und Jerusalem standen bis zu Beginn des 20. Jahrhunderts unter der Herrschaft des Osmanischen Reichs, das an der Seite von Deutschland und Österreich-Ungarn in den Ersten Weltkrieg eintrat. England, zusammen mit Frankreich und Russland Hauptgegner der Deutschen, verbündete sich mit den Arabern, um den strategisch wichtigen Suezkanal im Nahen Osten zu sichern, versuchte aber zugleich, die Zionisten davon abzuhalten, dem Deutschen Kaiserreich an die Seite zu treten.

Der englische Außenminister Lord Arthur James Balfour schrieb 1917, zu Beginn der britischen Besetzung Palästinas, einen Brief an einen der führenden britischen Zionisten, Lord Lionel Walter Rothschild, der als Balfour Declaration in die Geschichte einging und Bestandteil des wenige Jahre später einsetzenden Völkerbundmandats der Briten wurde: »Die Regierung Seiner Majestät betrachtet mit Wohlwollen die Errichtung einer nationalen Heimstätte für das jüdische Volk in Palästina und wird die größten Anstrengungen machen, dieses Ziel zu ereichen, wobei, wohlverstanden, nichts geschehen soll, was die bürgerlichen und religiösen Rechte der bestehenden nicht-jüdischen Gemeinschaften in Palästina oder die Rechte und den politischen Status der Juden in anderen Ländern in Frage stellen könnte.« Diese vage gehaltenen Formulierungen sollten in den nächsten Jahrzehnten für erheblichen Zündstoff im Nahen Osten sorgen.

Denn parallel dazu unterstützte Großbritannien auch den aufkeimenden Nationalismus der Araber, um sie als militärische Bündnispartner gegen die Osmanen zu gewinnen, und versprach ihnen nach dem Ende der Türkenherrschaft die Gründung eigener Nationalstaaten. Beide Seiten, die Araber wie die Juden, glaubten an eine ernsthafte Zusage der Briten für ihre Pläne, dabei hatten diese schon 1916 ein Geheimabkommen mit Frankreich geschlossen, das Sykes-Picot-

Abkommen, in dem die beiden Mächte die Region des Nahen Ostens in ihre jeweiligen Interessensphären aufteilten. Teile Palästinas sollten unter internationale Verwaltung gestellt werden.

1917 gelang es den Briten, Palästina zu erobern und damit die 400-jährige Herrschaft des Osmanischen Reiches über das Heilige Land zu beenden, in dem die Juden zu dieser Zeit nur eine Minderheit, etwa 11 Prozent der Bevölkerung, inmitten der arabischen Mehrheit stellten. Das Land war multi-ethnisch, die Hauptsprache Arabisch.

Der Kampf gegen die britische Besatzungsmacht

Der britischen Besatzungsmacht – 1920 war Palästina durch einen Beschluss des Völkerbundes britisches Mandatsgebiet geworden – gelingt es nicht, die zwischen Juden und Arabern eskalierende Gewalt zu unterbinden, ebenso wenig vermag sie, einen für beide Gruppen akzeptablen Plan für die Zukunft des Landes auszuarbeiten. Der bestallte Hochkommissar Sir Herbert Samuel, ein britischer Jude, ist überfordert und tut nichts, um die Balfour Deklaration – so sein Auftrag: – umzusetzen und durch Förderung geschlossener Siedlungen, durch freie Zugänge der Juden zu ihren religiösen Stätten und andere Maßnahmen, die das Völkerbundsmandat vorschreibt, für eine »nationale Heimstätte« der Juden zu sorgen. Vielmehr macht die britische Regierung die zunehmende Einwanderung zionistischer Juden für die Spannungen mit den Arabern verantwortlich. Um die Lage zu beruhigen, beschränkt sie ab 1939 die Einwanderung. Und setzt diese Limitierung auch gegen die zionistischen Führer durch, die während des Zweiten Weltkriegs und danach darauf drängen, das Land für möglichst viele jüdische Flüchtlinge zu öffnen, die nach einem sicheren Zufluchtsort suchen. Die Briten fangen Schiffe mit Holocaust-Überlebenden auf See oder nach ihrer Ankunft in Palästina ab und schicken sie zurück nach Europa – nach Zypern, oder auch, wie im wohl größten Flüchtlingsdrama jener Nachkriegstage, nach

Deutschland. 4500 Menschen landen 1947 mit dem Schiff »Exodus« in Haifa, dort entern britische Einheiten das Schiff und bringen die Passagiere trotz der Proteste der Weltöffentlichkeit nach Hamburg, wo sie vorübergehend interniert werden.

Unter den Juden Palästinas führen solche Erfahrungen zu einer Radikalisierung des Kampfes. Nach Kriegsende formiert sich der bewaffnete jüdische Widerstand gegen die britische Mandatsmacht. Anders als die vergleichsweise eher gemäßigte jüdische Untergrundarmee Hagana, die dereinst zum Schutz jüdischer Siedlungen gegründet worden war, inzwischen aber auch antibritische Aktionen durchführt, versuchen nun zwei Gruppen, die sich aus Unzufriedenheit über die moderate Haltung der Hagana von ihr abgespalten haben, die Briten durch Terrorakte zu zermürben. Beide werden von Männern geführt, die Jahrzehnte später zum politischen Führungspersonal Israels zählen: Jizchak Schamir, ein polnischer Einwanderer, führt die »Kämpfer für die Freiheit Israels« (*Lechi*) an, Menachem Begin die »Nationale Militärorganisation in Israel« (*Irgun*). 1946 verübt die Irgun einen Bombenanschlag auf das Hotel King David in Jerusalem, das einige Abteilungen der britischen Mandatsmacht beherbergt, überwiegend aber als Hotel genutzt wird. Die Opfer sind ausschließlich Zivilisten, die meisten arabischer Herkunft.

Unter dem Druck zunehmenden Terrors geben die Briten ihr Mandatsgebiet auf, die neu gegründeten Vereinten Nationen sollen, nach einem komplizierten Plan, der vorsieht, das Land in einen jüdischen und einen arabisch dominierten Staat zu teilen, seine Zukunft bestimmen, das von beiden Seiten beanspruchte Jerusalem und die heiligen Stätten unter internationale Verwaltung stellen.

Der erste arabisch-israelische Krieg

Am 14. Mai 1948, nach dem jüdischen Kalender der fünfte Tag im Monat Iyar des Jahres 5708, wenige Stunden nachdem der letzte Brite Tel

Die Gründung des Staates Israel

Aviv verlassen hat und noch ehe der für Juden heilige Sabbat beginnt und der heftig befehdete UN-Plan in Kraft tritt, verliest David Ben Gurion (1886–1973), später erster Premierminister des neu gegründeten israelischen Staates, die Unabhängigkeitserklärung, mit der das »natürliche Recht des jüdischen Volkes«, eingeklagt wird, »Herr des eigenen Schicksals in seinem eigenen, souveränen Staat zu werden«.

Nicht nur die Juden, auch die Araber lehnen den UN-Teilungsplan kategorisch ab. Die Juden, die etwa ein Drittel der Bevölkerung ausmachen, sollen 56 Prozent des Landes bekommen, was für die Araber inakzeptabel ist. Vor allem aber: Auf dem jüdischen Territorium leben mehr als eine halbe Million Araber, in den arabischen Gebieten wiederum Zehntausende Juden. Nur wenige Stunden nach Ausrufung der Unabhängigkeit bricht ein Krieg los, der Israel seine Existenz kosten könnte: Fünf arabische Staaten in der Region – Ägypten, Irak, Libanon, Syrien und Transjordanien –, die sich zur Arabischen Liga zusammengeschlossen haben und den Juden militärisch weit überlegen sind, gehen von drei Seiten gegen die neue Nation, die zu diesem Zeitpunkt noch einem Waffenembargo unterliegt, mit Panzern und Flugzeugen vor. Wenige Wochen später stimmen die Araber einem von der UNO vorgeschlagenen Waffenstillstand zu – für die Israelis ist diese Einstellung des Feuers die entscheidende Atempause, die ihnen ermöglicht, Kriegsgerät und personelle Verstärkung ins Land zu holen.

Damit wendet sich das Blatt. Das militärisch erstarkte Israel zwingt Hunderttausende Araber, die Region zu verlassen – obwohl die israelische Unabhängigkeitserklärung von »sozialer und politischer Gleichberechtigung« all seiner Bürger, »ohne Unterschied von Religion, Rasse und Geschlecht« spricht. Tatsächlich nimmt der Konflikt mindestens 700 000 palästinensischen Arabern ihre Heimat, die »neuen Historiker« Israels sprechen mittlerweile von der gezielten Vertreibung von etwa einer Million Menschen während des ersten arabisch-israelischen Krieges und danach.

Der erste arabisch-israelische Krieg

Als der Krieg 1949 siegreich für Israel endet, hat der neue Staat zusätzliche, über den UN-Plan hinausgehende Gebietsgewinne machen und auch die eingekesselte Westhälfte Jerusalems befreien können. Die heiligen Stätten um den Tempelberg jedoch sind von Transjordanien erobert worden. Der Zugang zur Jerusalemer Altstadt und zur Klagemauer bleibt den Juden vorerst verwehrt; der Gazastreifen steht unter ägyptischer Verwaltung.

Ruhe und Frieden sind seitdem nicht eingekehrt im Heiligen Land. Nicht nur von außen bleibt es durch zahlenmäßig weit überlegene Gegner bedroht – auch die inneren Spannungen zwischen gemäßigten Israelis und radikalen Siedlern und die enormen Fluktuationen, die das Land seit der Verabschiedung des »Rückkehrgesetzes« erlebt, das allen Juden die israelische Staatsbürgerschaft zuspricht und für immer neue Einwanderungswellen sorgt, führen zu andauernden Konflikten.

VERTIEFUNGEN

KAMPF UM JERUSALEM

Bis zur Zeit der römischen Eroberung Judäas wissen wir von den Geschehnissen im Heiligen Land hauptsächlich aus der biblischen Überlieferung, die nur vereinzelt durch archäologische Funde gestützt oder belegt ist. Mit den Römern ändert sich die Quellenlage. Denn in ihren Legionen zogen auch Chronisten mit, die als Geschichtsschreiber den Kriegsverlauf dokumentierten, um die militärischen Erfolge der Feldherren auch in der Hauptstadt des römischen Imperiums angemessen bekanntzumachen. Der bekannteste unter diesen Geschichtsschreibern war Flavius Josephus (ca. 38 bis 100 n. Chr.), der im Dienst des mächtigen Kaisers Vespasian die Chronik der jüdisch-römischen Kriege für seine Zeitgenossen und die Nachwelt festhielt. Ihm verdanken wir die ausführlichsten Darstellungen über die Zeit der römischen Besetzung Palästinas. Seine Werke wurden in Rom hundertfach kopiert und zu »Bestsellern« der antiken Kriegsberichterstattung, bis heute sind einige von ihnen grundlegende Quellen der antiken Geschichte.

Flavius, unter dem Namen Joseph Ben Mattitiahu in Jerusalem geboren, wusste aus eigener Erfahrung, wovon er berichtete. Als Feldherr, der den jüdischen Widerstand gegen die römischen Besatzer organisierte, hatte er den Truppen seines Dienstherrn Vespasian, für den er als Schreiber tätig war, zuvor auf dem Schlachtfeld in Galiläa gegenübergestanden. Mit seinen jüdischen Rebellen konnte er den militärisch überlegenen Römern zunächst sogar eine empfindliche Niederlage zufügen. Kaiser Nero, erzürnt über die Schmach, schickte daraufhin seinen erfolgreichsten Heerführer, Vespasian, nach Judäa, um Vergeltung zu üben und den Widerstand mit aller Härte zu brechen. Vespasian, der schon die Germanen besiegt und Britannien erobert hatte, enttäuschte seinen Kaiser nicht: Er unterwarf Stadt um

Kampf um Jerusalem

Stadt, ließ jeden erschlagen oder ans Kreuz nageln, der sich ihm entgegenstellte, und stand schließlich seinem Hauptfeind, dem jüdischen Feldherrn Joseph Ben Mattitiahu, vor der schwer einnehmbaren Bergfestung Jotaphata zur Entscheidungsschlacht gegenüber.

Die jüdischen Aufständischen hatten gegen die römische Übermacht keine Chance. In seiner späteren Chronik berichtete Flavius Josephus von 40 000 getöteten Männern, Ausgrabungen aus jüngerer Zeit legten darüber hinaus die Spuren Tausender ermordeter Frauen und Kinder frei. Es muss ein grausames Gemetzel gewesen sein. Viele jüdische Rebellen wollten nicht zu Gefangenen der Römer werden und wählten angesichts der Hoffnungslosigkeit der Lage den Freitod.

Joseph Ben Mattitiahu hingegen beugte sich der Niederlage und ließ sich gefangen nehmen. Vielen Juden galt er deshalb als Verräter an seinem Volk. Für die Römer aber wurde er zu einem prestigereichen Gefangenen – Vespasian, der dank seiner militärischen Erfolge zum Nachfolger Neros aufsteigen sollte, ließ ihn nach Rom bringen und stellte ihn unter seinen Schutz.

Aus Joseph Ben Mattitiahu wurde Flavius Josephus, der Schreiber: Er übersetzte bei Verhören und versuchte immer wieder, zwischen Römern und Aufständischen zu vermitteln – zumeist vergeblich. So kam Flavius im Gefolge der römischen Truppen schließlich auch in seine Heimatstadt Jerusalem, wo er zum Augenzeugen des wahrscheinlich blutigsten Kapitels des »jüdischen Krieges« wurde: der Eroberung der Heiligen Stadt durch Vespasians Sohn Titus. Innerhalb von zwei Wochen hatten die Römer die erste der drei Verteidigungsmauern durchbrochen, fünf Tage später die zweite. Zur Demoralisierung ließ Titus Tausende vor der Stadt ans Kreuz schlagen und schließlich um die Stadt eine steinerne Ringmauer ziehen, um die Bewohner auszuhungern. Weite Teile der Stadt und vor allem das Allerheiligste, der Tempel, wurden in Brand gesetzt. »Der Tempelberg«, schrieb Flavius Josephus, »schien von Grund aus zu glühen.« Die Römer trugen den siebenarmigen Leuchter, die Menora, und andere

Kultgegenstände davon. Bis heute zeugt der Titusbogen in Rom von diesem Ende der Stadt Gottes, wie es Flavius Josephus in seinem *Bellum Judaicum* so eindrucksvoll beschrieben hat. Die überlebenden Judäer wurden als Zwangsarbeiter verschleppt, als Sklaven verkauft oder in die römischen Provinzen verschenkt, wo sie bei den Gladiatorenkämpfen eingesetzt wurden.

Nach dem Fall Jerusalems ließen die Römer triumphierend eine Gedenkmünze prägen: *Judaea capta* – Judäa ist erobert. Dabei hielten die Aufständischen noch eine letzte Bastion, die Festung Masada, eine Zitadelle auf dem Hochplateau am Westufer des Toten Meeres, die wegen der steil abfallenden Felsen als uneinnehmbar galt. Herodes hatte sie einst als Zufluchtsstätte für sich und seine Familie ausbauen lassen, mit doppelten Mauern, Verteidigungstürmen, Vorratshäusern und riesigen Wasserzisternen. Einer kleinen Truppe von Kämpfern gelang es, die römische Besatzung in Masada zu überrumpeln, nun verschanzten sich hier oben etwa 1000 Aufständische. Masada wurde zum Symbol des Widerstands – dass sich hier die Rebellen noch halten konnten, zeigte, dass Rom nicht endgültig gesiegt hatte. Die Festung musste unbedingt erobert werden.

72 n. d. Z. machte sich Flavius Silva, der neue Prokurator von Judäa, mit 15 000 Soldaten auf den Weg nach Masada. Er ließ eine Ringmauer um die Festung bauen und eine gigantische Rampe aus Erde und Steinen aufschütten, mit deren Hilfe die Römer ihre schweren Sturmgeschütze in Stellung brachten. Es gelang ihnen, eine Bresche zu schlagen, die hastig von den Verteidigern errichtete Zweitmauer setzten sie in Brand.

Da wandte sich der Anführer der Aufständischen, Eleazar, an seine Kämpfer und ihre Familien und forderte sie auf, statt der Knechtschaft *Kiddusch ha-Schem*, den Freitod »zur Heiligung Gottes«, zu wählen. Und nun wurde Masada, so hat es Flavius Josephus beschrieben, zum Schauplatz eines Dramas – die Männer töteten ihre Frauen und Kinder, dann wurden aus ihren Reihen zehn ausgewählt: Einer erstach die neun anderen, setzte die Festung in Brand und stürzte sich selbst in sein Schwert. Nur zwei Frauen und fünf Kinder überlebten in ihrem Versteck. Als die römischen Soldaten am nächsten Morgen die Mauer überwanden, empfing sie eine »unheimliche Leere«, schrieb Flavius Josephus.

Einige Jahrzehnte später, nach dem Bar-Kochba-Aufstand, in dem sich die Juden in Judäa noch einmal gegen die römischen Besatzer erhoben, tilgte Kaiser Hadrian das jüdische Jerusalem und ließ eine römische Stadt an diesem Ort erbauen. Die Provinz Judäa wurde zusammen mit der Provinz Syria – in Syria Palaestina umbenannt.

Die neue Welt

1654 strandeten 23 Flüchtlinge auf einem französischen Segler im Hafen von Nieuw Amsterdam, das ein Jahrzehnt später von den Engländern erobert und New York genannt werden sollte. Es waren sefardische Juden aus der brasilianischen Provinz Pernambuco, die nach der Rückeroberung Brasiliens durch die Portugiesen, nach Amsterdam hatten flüchten wollen, wo es eine bedeutende sefardische Gemeinde gab, durch abenteuerliche Umstände auf ihrer Flucht aber in die neue Welt verschlagen wurden. Willkommen waren sie hier, in der holländischen Kolonie, nicht, die einer mächtigen Handelsorganisation gehörte, der niederländischen Westindien-Kompanie. Sie stand unter dem strengen Regiment ihres Generaldirektors Petrus Stuyvesant, der aus dem einstigen Schmugglerhafen einen einträglichen Sklavenumschlagplatz gemacht hatte.

Der lukrative Ort lockte Menschen aus vielen verschiedenen Ländern und unterschiedlicher Religionszugehörigkeit an – Calvinisten Lutheraner, Katholiken, Mennoniten. Und nun auch noch die fremden Juden, die anders als die bisherigen jüdischen Ankömmlinge, ihren Glauben bewahren wollten. Stuyvesant, überzeugter Calvinist, bedrängte die Direktion der Kompanie, die »widerwärtigen« Juden wieder auszuweisen. Gegen sie spreche nicht nur ihre bekannte Neigung zu »betrügerischem Handel«, sondern auch ihre Mittellosigkeit, sie könnten zur »Belastung« werden. Aber der Generaldirektor holte sich eine Abfuhr. Die Kompanie verwies auf die »große Summe« jüdischen Kapitals, die in die Handelsgesellschaft investiert wurde, und gewährte den Flüchtlingen Aufenthaltsrecht, »solange die Armen unter ihnen weder der Kompanie noch der Gesellschaft zur Last fallen«. So wurden sie geduldet; drei Jahre später erhielt Asser Levy, der Anführer der sefardischen Gruppe, das Bürgerrecht. Er wurde zum Vorkämpfer für die Gleichberechtigung der Juden in der neuen Welt.

Ihren Glauben durften die Juden hier in der Kolonie allerdings ebenso wenig öffentlich leben wie andere Religionsgemeinschaften – nur für die Holländische Reformierte Kirche der Calvinisten wurde eine Ausnahme gemacht. Die Errichtung einer Synagoge wurde der kleinen jüdischen Gemeinde untersagt, einen Friedhof aber durfte sie anlegen. 1663 gab sie die Torarolle, eine Leihgabe der Amsterdamer Glaubensbrüder, zurück, da das Gemeindeleben nahezu »erloschen« sei.

Ein Jahr später eroberten die Engländer Neu Amsterdam und benannten es um in New York. Das änderte die Situation für die dort lebenden Juden. Die neuen Herren waren in religiösen Fragen toleranter als die niederländischen Calvinisten. Asser Levy, der inzwischen als Besitzer eines Schlachthauses, als Pelzhändler, Geldverleiher und Schnapsverkäufer wohlhabend geworden war, übernahm als erster Jude in Amerika das Amt eines Geschworenen.

Um 1700 lebten etwa 250 Juden in den nordamerikanischen Kolonien, 1776, als die Vereinigten Staaten von Amerika ihre Unabhängigkeit erklärten, waren es 2000. Noch vor den französischen Juden wurde ihnen mit der amerikanischen Verfassung, die jegliche Diskriminierung einer bestimmten Glaubenszugehörigkeit untersagt, die gesetzliche Gleichberechtigung zugesprochen. Im 19. Jahrhundert nahm die Zahl jüdischer Einwanderer dann sprunghaft zu, mehr als eine Viertelmillion europäischer Juden hatte Mitteleuropa verlassen: Sie flohen vor den diskriminierenden Gesetzen der deutschen Staaten oder den Verfolgungen nach der gescheiterten Revolution von 1848, vor den Massakern, die die Kosaken in der Ukraine anrichteten, und vor den russischen Pogromen. Die meisten der Auswanderungswilligen wollten in die »Goldene Medine«, wo sie eine Zukunft für sich sahen. Stets erschien den bedrängten Juden Europas New York als der sichere Zufluchtshafen vor wirtschaftlicher Not, Rechtlosigkeit und Verfolgung. Ab Mitte des 19. Jahrhunderts entwickelte sich in den Staaten ein liberales Reformjudentum, für das die Rückkehr nach Zion wie auch die meisten Kleider- und Speisevorschriften mit dem Leben in einem Land, in dem sie auf Aufstieg, Wohlstand und Sicherheit hoffen konnten, hinfällig wurden.

Die Rabbiner der Gemeinden kamen überwiegend aus Deutschland. Am Ende des 19. Jahrhunderts hatten sich die »deutschen« Juden, von denen viele aus Polen, Böhmen und Ungarn stammten, fest etabliert und an die neue Welt assimiliert. In den Synagogen wurde jetzt nicht mehr auf deutsch, sondern auf englisch gepredigt. Aus den einstigen Hausierern waren inzwischen Rechtsanwälte, Kaufleute und Ärzte geworden. Die Familie des aus einem Schweizer Dorf eingewanderten Schneiders Simon Guggenheim gehörte bald zur Finanzaristokratie des Landes; mit dem aus Bayern eingewanderten Benjamin Bloomingdale begann der Aufstieg der Bloomingdale-Kaufhäuser; und Löb Strauss aus Franken, der 1847 ein Dampfschiff nach New York bestieg, sollte als Levi Strauss mit seinen »Waist Overalls« zum Jeanskönig aufsteigen.

Ganz frei von Rückschlägen war allerdings auch das Leben in Amerika nicht. In der ersten Hälfte des 20. Jahrhunderts, als die nächste große Einwanderungswelle aus dem Osten Europas die USA erreichte, versuchten gerade die prestigereichsten amerikanischen Universitäten mit Hilfe von Quoten die Zahl jüdischer Studenten zu begrenzen. Auch die Einwanderungspolitik änderte sich: 1924 führten die Vereinigten Staaten eine strenge Quotierung ein, die die Zahl der jüdischen Einwanderer stark reduzierte.

Bei Ausbruch des Ersten Weltkriegs lebten bereits drei Millionen Juden in den USA, die Hälfte davon in New York. Auch in Chicago und Philadelphia entstanden große jüdische Gemeinden.

Frauen in Zeiten der Umbrüche

Die Familie stand bis ins 20. Jahrhundert hinein im Zentrum jüdischen Lebens. Sie war der Ort, an dem die materielle Existenz gesichert, die Kinder in Glaubensfragen und in die Riten und Gebräuche des Judentums eingewiesen und jüdische Identität über die Jahrtausende gefestigt und bewahrt wurde, auch gegen die feindlichen Tendenzen der nichtjüdischen Umwelt.

Synagoge und Gemeinde waren den Männern vorbehalten, die Führung des Haushalts und die Erziehung der Kinder Aufgabenbereiche der Frau; die Geschäfte in den traditionellen Familienunternehmen führten oft beide. In der aschkenasischen Gemeinde zu Hamburg war es den Frauen seit 1603 erlaubt, ohne Zustimmung des Ehemannes die Kaufmannschaft auszuüben. Einem der raren Zeugnisse dieser Zeit, den zwischen 1691 und 1719 aufgeschriebenen *Denkwürdigkeiten* der Glikl von Hameln, die auf eine belesene und gebildete Verfasserin schließen lassen, ist zu entnehmen, wie das Leben einer erfolgreichen jüdischen Geschäftsfrau an der Schwelle eines neuen Jahrhunderts aussah. Zweihundert Jahre später wurden ihre Lebenserinnerungen – sieben an ihre Kinder gerichteten Hefte, die ein Sohn der Nachwelt erhielt – von der Gründerin des Jüdischen Frauenbundes, der Frauenrechtlerin Bertha Pappenheim, entdeckt, übersetzt und publiziert. Diese *Sichronot* Memoiren, in jüdisch-deutsch oder jiddisch mit hebräischen Buchstaben aufgeschrieben, gelten als die ersten Erinnerungen einer jüdischen Frau und als ein Zeugnis der deutsch-jüdischen Geschichte.

Die Denkwürdigkeiten der Glikl von Hameln

Glikl war die Tochter des Ältesten der aschkenasischen Gemeinde. Ihr Vater hatte es durch den Handel mit Juwelen zu einigem Wohlstand gebracht. Seine Kinder, Söhne wie Töchter, lernten im Cheder lesen und schreiben. Mit zwölf wurde Glikl mit Chajim aus Hameln verlobt, zwei Jahre später heiratete sie ihn und noch zwei Jahre später gebar sie eine Tochter, das erste von zwölf Kindern. In Hamburg gründete das Paar seinen eigenen Hausstand. Chajim handelte erfolgreich mit Gold und Juwelen, Glikl organisierte den umfangreichen Haushalt mit Dienern, Hauslehrern, Geschäftsgehilfen und *Blettenjuden*, die ihr zur Unterbringung und Beköstigung von der jüdischen Gemeinde geschickt wurden. Als Geschäftspartnerin ihres Mannes traf sie mit ihm zusammen alle wichtigen beruflichen Entscheidungen.

Nach seinem Tod nahm Glikl die Geschäfte selbst in die Hand, so wie sie es schon bei ihrer Großmutter und ihrer Mutter gesehen hatte, die als junge Frau eine Manufaktur für geklöppelte Gold- und Silberspitzen leitete. Glikl betrieb eine Strumpffabrik, lebte vom Geldverleih, führte den Juwelenhandel ihres Mannes weiter und erwarb sich einen Ruf als seriöse Handelspartnerin. Dank ihrer Geschäftstüchtigkeit konnte sie ihre Kinder mit einer attraktiven Mitgift ausstatten und sie prominent verheiraten – ein für sie äußerst erstrebenswertes Ziel, galt doch das durch Heirat entstehende familiäre Netz immer auch als eine Zukunftsinvestition: Die verwandtschaftlichen Beziehungen konnten sich für die Geschäfte als nützlich, in bedrohlichen Situationen auch als lebensnotwendig erweisen. »Wenn man Geld hat«, bekannte die erfolgreiche Kauffrau, deren Geschäftsbeziehungen nach Paris, Amsterdam, Metz, Wien und Berlin reichten, »kann man allerwegen zurechtkommen.«

In ihren *Denkwürdigkeiten* hielt Glikl jüdische Legenden und Geschichten fest, berichtete von Streitigkeiten innerhalb der Gemeinde und von Sabbatai Zwi, einem Sefarden aus Smyrna, der sich zu ihren Lebzeiten zum Messias ausrufen ließ und die Hoffnungen vieler europäischer Juden auf sich zog. Auch die Hamburger Juden begannen, in Erwartung der Endzeit die Rückkehr ins Heilige Land vorzubereiten, Haus und Hof zu verkaufen und die Koffer zu packen. »Einige haben nebich all das Ihrige verkauft, Haus und Hof, und haben als gehofft, dass sie jeden Tag sollen erlöst werden. Mein Schwiegervater – er ruhe in Frieden – hat zu Hameln gewohnt. Also hat er dort seine Wohnung aufgegeben und seinen Hof und sein Haus und seine Möbel, gefüllt mit allem Guten, alles stehen lassen ... Denn der gute Mann hat gedacht, man wird einfach von Hamburg nach dem Heiligen Land fahren.« Glikl war eine nüchterne Geschäftsfrau, die wenig von dem »falschen Messias«, der später zum Islam konvertierte, gehalten zu haben scheint.

Zu ihrem Glauben aber bekannte sie sich. Auch wenn sie kein »Moralbuch« schreiben wollte, so gab sie ihren Kindern doch Empfehlungen für ein »frommes und gottesfürchtiges« Leben, mahnte sie, die täglichen Gebetszeiten einzuhalten und regelmäßig in der Tora zu lesen.

Das bürgerliche Familienideal

In der zweiten Hälfte des 19. Jahrhunderts fanden soziale Veränderungen statt, die auch die Familie nicht unberührt ließen. Der wachsende Wohlstand der deutschen Juden führte dazu, dass zunehmend der Mann allein die Aufgabe übernahm, für den Lebensunterhalt zu sorgen. Das Bild der geschäftlich eigenständigen Frau, wie Glikl es noch verkörpert hatte, wurde dem bürgerlichen Familienideal der Frau als Gattin, Hausfrau und Mutter geopfert. Ihre Aufgabe wurde jetzt – von Ausnahmen abgesehen – dem bürgerlichen Standard gemäß auf das Heim und die Erziehung der Kinder eingeschränkt.

Hinzu kam ihr eigener Wunsch nach »Verbürgerlichung«: Längst weigerte sich die Mehrzahl der jüdischen Frauen, die Haare mit einem Tuch oder einer Perücke zu bedecken; die Männer rasierten sich, Söhne und Töchter wurden in die Tanzstunde geschickt – ihr Bestreben, von der christlichen Mehrheit akzeptiert zu werden, ließ besonders die deutschen Juden danach trachten, alles abzustreifen, was als weltfremd und altmodisch hätte gelten können. Und selbst diejenigen, die an den Vorschriften ihres Glaubens festhielten, stellte das Leben in der modernen Industriewelt vor nie gekannte praktische Probleme. Seit 1895 war die Sonntagsruhe gesetzlich vorgeschrieben – jüdische Ladenbesitzer mussten fortan den Sabbat missachten, wollten sie vermeiden, ihr Geschäft von Freitagabend bis Montagmorgen zu schließen. Neue Lebensmittel kamen auf den Markt, bei denen unklar war, ob sie den religiösen Speisegesetzen genügten. Telefonieren war am Sabbat nicht erlaubt, ebenso wenig die Benutzung von Eisen- und Straßenbahnen oder Autos, aber wie sollte man so seinen oft weit verstreuten Geschäften nachgehen?

Den Jüngeren blieben die daraus resultierenden Widersprüche nicht verborgen: »Meine Eltern führten einen streng rituell jüdischen Haushalt«, schrieb Martin Lövinson, 1859 als Sohn eines reichen Berliner Möbelfabrikanten geboren. »Das Vorbild für die Kinder, die auf jeden Fall ein streng religiöses Leben kennenlernen sollten, war sicherlich hierbei ausschlaggebend. Freilich regten sich früh in uns Fragen, ob es auch ganz konsequent sein möchte, dass der Vater an den Sabbaten und den hohen Feiertagen unbedenklich die Straßenbahn benutzte, dass wir in der Schule an den Feiertagen schrieben... Aber man sagte uns für alle diese Unstimmigkeiten eine der herrschenden Aufklärung entsprechende Deutung, so besonders, dass mit der Anerkennung der vollen staatsbürgerlichen Gleichberechtigung auch die Erfüllung der bürgerlichen Pflichten Hand in Hand gehen müsse.«

Mit der »Verbürgerlichung« hielten auch zahlreiche Symbole der nichtjüdischen Umwelt Einzug in die jüdische Familie. Chanukka, das achttägige Lichterfest, das an den Sieg der Makkabäer und an die Wiedereinweihung des rückeroberten Tempels erinnert, wird am 25. Tag des Kislew, dem neunten Monat des religiösen jüdischen Kalenders, also im November oder Dezember, gefeiert. In dem akkulturierten jüdischen Bürgertum, deren Kinder teilhaben wollten an der Advents- und Weihnachtsfreude ihrer christlichen Mitschüler, bürgerte sich mehr und mehr der Gebrauch von Weihnukka ein. Beide Feste wurden gefeiert, die Kinder zu Weihnachten beschert und ein Baum aufgestellt. Ein Weihnachtsbaum, so verteidigte sich Theodor Herzl, der Begründer des Zionismus, schließe doch keineswegs ein jüdisches Bewusstsein aus.

Der mütterliche Erziehungsauftrag

Je mehr die religiösen Gesetze unter dem Druck der säkularisierten bürgerlichen Welt zu schwinden drohten, desto mehr wurde dem häuslichen Leben und damit den Müttern die Verantwortung aufgebürdet, die Tradition zu wahren, die Kinder in den täglichen Gebeten und Segenssprüchen zu unterrichten und sie in der Unterscheidung zwischen reinen und unreinen Speisen kundig zu machen. »Unsere Mütter müssen das Judentum retten, wie einst in biblischen Zeiten«, schrieb die Zeitschrift des orthodoxen Judentums, *Israelit*. Sie sollten jenen Spagat bewerkstelligen, vor dem die gesamte jüdische Gemeinschaft stand: die Integration in die bürgerliche Kultur der christlichen Mehrheit und die Bewahrung des Glaubens in einer säkularisierten Welt.

Mit Nachdruck verfolgten die jüdischen Mütter den »Erziehungsauftrag«, um ihren Kindern eine anerkannte bürgerliche Karriere zu ermöglichen. Disziplin und Ehrgeiz, Pflichtbewusstsein und Sparsamkeit – der Tugendkatalog, den sie ihren Sprößlingen zu vermitteln trachteten, unterschied sich nicht von dem christlicher Familien des Bürgertums. Auch die Insignien der bürgerlichen Kindheit – von der silbernen Sparbüchse über liebevoll ausgemalte Poesiealben und sorgfältig geführte Tagebücher bis zum Herbarium – spiegelten diese »Wertegemeinschaft« wider. Dazu gehörte auch die Pflege der deutschen Kultur. Mit Theater- und Konzertbesuchen, Hausmusikabenden und Gedichtrezitationen wurden Söhne und Töchter ins kulturelle Leben eingeführt. Auch auf diesem Feld wurden die deutschen Juden Patrioten, Liebhaber der deutschen Klassiker und begeisterte Anhänger von Richard Wagner – trotz seiner antisemitischen Schriften.

Die Erwartung, die Kinder für die Anforderungen in beiden Welten zu rüsten, war für die jüdischen Mütter kaum zu erfüllen, zumal der Säkularisierungsdruck der Moderne auch das Selbstbild der Frauen veränderte. Kritik an ihnen blieb nicht aus: »Die Poesie des Judentums weicht leider immer mehr aus der jüdischen Familie«, wusste ein Autor im vielgelesenen *Israelitischen Familienblatt* 1911 zu klagen. »Die jüdische Frau soll wieder die Priesterin des jüdischen Hauses, wenn auch in anderem Gewand werden.«

Aber die neue Rolle der großstädtischen jüdischen Frau, die das Heim standesgemäß auszustatten, das Personal zu beaufsichtigen, den Lebensstil zu kultivieren, für sozialen Schliff und gute Manieren der Kinder zu sorgen hatte, blieb nicht ohne Rückwirkung auf die Frauen selbst, denen die Einschränkung auf die Ausgestaltung des häuslichen Lebens auf Dauer zu wenig war.

Öffentliches Engagement

Es waren besonders Frauen aus wohlhabenden jüdischen Familien, die sich seit dem 19. Jahrhundert für wohltätige Zwecke, für Stiftungen, Schenkungen, Waisen- und Krankenhäuser und andere karitative Einrichtungen einsetzten. Sie verfügten über die dafür notwendigen finanziellen Mittel; und Wohltätigkeit wie soziales Engagement galten im Judentum als Verpflichtung gegenüber der Gemeinschaft und als Möglichkeit, das gesellschaftliche Ansehen der Familie zu mehren. Amalie Beer (1766 – 1854), die Mutter des Komponisten Giacomo

Meyerbeer, galt als die gastlichste Frau Berlins, die große Gesellschaften gab, aber auch als die wohltätigste. »Kein Tag vergeht«, sagte ihr häufiger Gast Heinrich Heine, »ohne dass sie Armen geholfen hat; ja, es scheint, als könne sie nicht ruhig zu Bette gehen, bevor sie nicht eine edle Tat vollbracht. Dabei spendet sie ihre Gaben an Bekenner aller Religionsgenossenschaften, an Juden, Christen, Türken, sogar an Ungläubige der schlechtesten Sorte. Sie ist unermüdet im Wohltun und scheint dies als ihren höchsten Lebensberuf anzusehn.«

Die wohlhabenden Bankiersfrauen in Hamburg, Frankfurt und Wien übergaben den Wohlfahrtseinrichtungen großzügige Spenden. Berühmt wurden die Stiftungen der Familie Rothschild. Louise und ihre Schwägerin Baronin Hannah Mathilde Rothschild förderten zahllose karitative Einrichtungen – Kinderheime, Waisenanstalten, Suppenküchen, Kuranstalten. Hannah Mathilde Rothschild gründete auch interkonfessionelle Stiftungen und kümmerte sich, für damalige Zeiten ganz ungewöhnlich, um alleinstehende Frauen gleich welcher Konfession. Emilie Mosse, die Frau des jüdischen Verlegers Rudolf Mosse in Berlin, gründete den Verein »Mädchenhort«, in dem vaterlose Mädchen Unterkunft, Verpflegung und Erziehung erhielten, damit ihre Mütter arbeiten gehen konnten.

Bildung für Frauen

In der Mitte des 19. Jahrhunderts entstanden in liberalen wie orthodoxen Gemeinden die ersten Frauenvereine, die für eine Verbesserung der weiblichen Bildung kämpften. Selbst orthodoxe Rabbiner konnten sich jetzt nicht mehr der Einsicht verschließen, dass das Studium der heiligen Schriften nicht länger ein Vorrecht der Männer bleiben durfte. »Denn wie soll«, so hatte schon Mitte des 19. Jahrhunderts in London der *Jewish Chronicle* geklagt, »eine Mutter in den Herzen ihrer Kinder Glaubensüberzeugungen verankern, die ihr selber fremd sind?« Auf weltliche Bildung sollten die Mädchen künftig den gleichen Anspruch haben wie die Jungen.

Bildung hatte in jüdischen Familien immer schon eine größere Rolle gespielt als in christlichen Familien, galt sie doch als Passierschein für sozialen Aufstieg und Integration. »Die Mutter beschäftigte sich viel mit uns«, erzählte der Hamburger Bankier Max Warburg von seinen frühen Jahren in der Familie, »pflegte ... unsere Schularbeiten zu beaufsichtigen und hielt uns streng dazu an, die Zeit zu nützen. Nie war es uns erlaubt, herumzusitzen und zu schwatzen. Sie ... hatte ein starkes Pflichtgefühl.«

Aber während für die Söhne der Besuch eines Gymnasiums und – seit sie dazu Zugang hatten – ein Universitätsstudium als unerlässliche Voraussetzung für eine Karriere im bürgerlichen Erwerbsleben erachtet wurden, schickte man die Mädchen auf die höheren Töchterschulen, wo sie in den als »weiblich« geltenden Fächern wie Literatur, Musik, Französisch und Handarbeitslehre unterrichtet wurden, um sie auf ihre spätere Rolle als Ehefrau und Mutter vorzubereiten. Eine Berufsausbildung, so fürchtete man, könne womöglich ihre Heiratschancen schmälern.

Jetzt aber wollten auch die Töchter studieren. Rahel Hirsch, Enkelin des Frankfurter Rabbiners Samuel Raphael Hirsch, nahm als eine der Ersten ein Universitätsstudium auf und erwarb 1913 eine Professur. 1911 stellten jüdische Frauen in Preußen bereits 14 Prozent der weiblichen Studenten. Das ging dem *Jewish Chronicle*, der sich stark für die religiöse Unterrichtung des weiblichen Geschlechts einsetzte, dann doch zu weit: »Die gesetzestreue Judenheit wird vorziehen, dass ihre höheren Töchter sich zum Leben als Gattin und Mutter und nicht zum Universitätsstudium vorbereiten.« Auch eine Berufstätigkeit der Frauen lehnte der *Chronicle* ab: Der »Glanz der Welt« hindere Frauen, ihre Aufgabe der moralischen und religiösen Unterweisung ihrer Kinder angemessen wahrzunehmen.

1904 wurde der Jüdische Frauenbund unter der Leitung von Bertha Pappenheim (1859–1936) gegründet, der mehr öffentlichen Einfluss für Frauen und eine Berufsausbildung für die Töchter forderte. Aber erst nach dem Ersten Weltkrieg, der viele bürgerliche Familien vor dem Nichts oder unsicheren wirtschaftlichen und sozialen Verhältnissen stehen ließ, wurde es auch in jüdischen Familien akzeptiert, dass die Töchter einen – freilich standesgemäßen – Beruf erlernten und diesen auch vor der Ehe ausübten.

Hofjuden

Die deutschen Landesfürsten im 17. und 18. Jahrhundert blickten voller Neid und Bewunderung auf den französischen Hof, auf die Schlösserpracht und Militärherrlichkeit, mit der man dort die eigene Größe zur Schau stellte. Frankreich wurde zum Vorbild, doch um es den französischen Fürsten gleichzutun, waren erhebliche Finanzmittel nötig, die auf traditionelle Weise, über Steuern, nicht einzunehmen waren. Die einzige Möglichkeit, dem Vorbild nachzueifern, war die Beschaffung von Krediten. Und hierfür machten sich die Landesfürsten nun in vielen Fällen die Fertigkeiten, das Wissen und die Beziehungen von Juden zunutze, die sich wegen vielfältiger Berufsbeschränkungen auf die Geld- und Kreditwirtschaft spezialisiert hatten und über entsprechende Kontakte zu den europäischen Finanzzentren – insbesondere Amsterdam und Wien, London und Paris – verfügten. Schon bald gab es kaum mehr einen deutschen Fürsten, der noch ohne die Dienste eines angestellten Hofjuden auszukommen glaubte. Der Hofjude seinerseits bekam im Gegenzugrang und Titel, durfte sich fortan Hoffaktor, Hofagent oder Finanzien Rat nennen, wurde von entwürdigenden Sonderabgaben befreit und genoss zahlreiche Privilegien eines Angehörigen des Hofes.

Mehrere Hundert solcher Hofjuden dienten im heiligen Römischen Reich Deutscher Nation ihren absolutistischen Herren. Der Zugang zum Hof verschaffte ihnen Verdienst- und Aufstiegsmöglichkeiten, die ihnen in der christlichen Ständegesellschaft ansonsten verwehrt waren. Reich waren die Hofjuden meist nicht, die Gelder, die sie ihren Herren zur Verfügung stellten, mussten sie sich selbst leihen. Das gelang nur mit Hilfe eines dichten Netzes familiärer Beziehungen, das die jüdischen Kaufleute in ganz Europa verband.

Der Preis, den die Hofjuden für ihren sozialen Aufstieg zu zahlen hatten, war hoch: Sie waren abhängig von der Willkür ihres Herrn. Der größte Kreditgeber des Habsburger Hofes, Samuel Oppenheimer, ein Bruder von Süß' Vormund, der 1673 nach Wien berufen worden war und dort den Titel eines kaiserlichen Kriegsfaktors erhielt, machte erst den Sieg von Kaiser Leopold I. gegen die osmanischen Truppen vor Wien möglich. Gedankt wurde es ihm nicht. Oppenheimer wurde ständig gedrängt, auf Außenstände zu verzichten; zeigte er sich nicht gefügig, wurde er verhaftet und sein Haus zur Plünderung freigegeben, um ihn zu zermürben. Als er 1703 starb, schuldete ihm die kaiserliche Kammer fünf Millionen Gulden, die mit einem Federstrich einfach getilgt wurden. Über das Unternehmen verhängte man den Zwangskonkurs.

Juden waren eine verachtete Minderheit, weitgehend rechtlos und fürstlicher Willkür schutzlos ausgeliefert. Jeder Fehler konnte ihren Untergang bedeuten. Umso mehr waren sie auf das Wohlwollen und die Rückendeckung ihrer Fürsten angewiesen. Diese Abhängigkeit machte sie als Geldbeschaffer und Kreditgeber besonders attraktiv. Sie mussten alles tun, was ihnen zugemutet wurde; sonst drohten sie, alles zu verlieren – Haus, Vermögen oder gar ihr Leben. Dabei bewegten sie sich auf einem äußerst schmalen Grat. Wurden jüdische Händler und Handwerker schon in vorangegangenen Epochen als verhasste Konkurrenz angesehen, so machten sich die Hofjuden nun mächtige Adlige, Beamte und Geschäftsleute zu erbitterten Feinden.

Eine andere unter den Landesherren durchaus gängige Praxis, mit der sie sich die fürstliche Schatulle zu füllen wussten, war der Kunstgriff der Münzverschlechterung. Dafür wurden die im Umlauf befindlichen Münzen eingezogen, eingeschmolzen und bei gleichem

Nennwert mit weniger Silberanteil neu geprägt, so dass nun aus derselben Menge Silber deutlich mehr Münzen gewonnen werden konnten als zuvor. Die Menschen empörten sich, nahmen den Betrug aber nicht dem König, sondern seinem »Juden« übel: »Die Juden haben sich mit Hilfe der Münze der Reichtümer des Landes bemächtigt«, klagten viele, denen der wachsende Einfluss der Hofjuden ein Dorn im Auge war.

Der Herzog und sein Kreditgeber

Das Schicksal des zum Hofjuden aufgestiegenen Joseph Süß Oppenheimer (1698–1738) hat die Menschen schon zu seinen Lebzeiten ungeheuer erregt. Während des Nationalsozialismus wurde er im Auftrag des Propagandaministers Goebbels in dem antisemitischen Agitationsfilm *Jud Süß* des Regisseurs Veit Harlan gar zum dämonischen Juden schlechthin stilisiert. Oppenheimers Geschichte zeigt, auf welch gefährliches Terrain die Hofjuden zur Zeit des kleinstaatlichen Absolutismus fast zwangsläufig gerieten. Verloren sie ihren Schutzpatron, übernahmen ihre Gegner die Regie – so auch im Fall von Joseph Süß Oppenheimer.

Als er auf den Herzog traf, war Süß – der bei seinem Vormund Feist Oppenheimer aufwuchs, von ihm in die jüdischen Traditionen eingewiesen wurde, erst den Kaufmannsberuf erlernte und dann zum engen Vertrauten des Herzogs Carl Alexander von Württemberg und damit zu einem der einflussreichsten Männer des Landes aufstieg – erst 33 Jahre alt. Carl Alexander führte, wie viele Herrscher zur Zeit des kleinstaatlichen Absolutismus, mit seiner Gattin aus dem Hause von Thurn und Taxis ein Leben, das seine Einkünfte bei weitem überstieg. Sein Privatbankier Isaak Landauer wollte ihm keinen Kredit mehr geben, brachte ihn aber mit einem risikofreudigeren entfernten Verwandten zusammen – Joseph Süß aus Heidelberg.

Zwischen dem Herzog und Süß entstand eine enge Beziehung. Süß lieferte dem Hof Seide und Spitzen, Uhren und Schnallen, Diamanten und Porzellan. Im Gegenzug wurde er mit Privilegien ausgezeichnet, die für einen Juden außergewöhnlich waren – ihm wurden Reisefreiheit, freies Wohnrecht und staatliche Vollmachten zugestanden. Sein stetig wachsendes Vermögen machte ihn selbst für die größten Banken äußerst kreditwürdig, was Süß ermöglichte, dem wachsenden Finanzbedarf des Herzogs nachzukommen. Carl Alexander wusste die Dienste seines Hofjuden zu schätzen und ernannte ihn zum Hof- und Kriegsfaktor, die höchste Position, die ein Jude in deutschen Landen erreichen konnte.

Auch Carl Alexander machte von der Münzfälschung Gebrauch – den Hass dafür zog Süß auf sich. Belohnt wurde er von seinem Herzog mit einer Auszeichnung, die vor ihm noch kein Hofjude erhalten hat: Der Herzog ernannte ihn zum Geheimen Hofrat – und nutzte ihn in dieser Funktion als Rammbock gegen die lästige, aber einflussreiche Ständevertretung, die zu jeder Steuererhöhung des Fürsten ihr Plazet geben musste.

Süß erwies sich als ideenreich, wenn es darum ging, neue Abgaben zugunsten seines auf steten finanziellen Nachschub erpichten Herrn zu ersinnen, doch mit jedem Anwachsen der Staatskasse nahm auch die Zahl seiner Gegner zu. Süß führte Besoldungssteuern für kirchliche und staatliche Beamte ein, verkaufte hemmungslos lukrative Ämter und half dem Herzog, den Geheimen Rat zu entmachten, ein Gremium, das über die Einhaltung der Verfassung wachte. Süß sorgte dafür, dass eine konkurrierende Einrichtung geschaffen wurde, deren Mitglieder er aussuchte, das Konferenzministerium. Es sollte Diebe, Wucherer und andere Missetäter aufspüren. Von drohenden Strafen konnten diese sich dann freikaufen. Der größte Teil ihres Sühnegelds wanderte in die Schatulle des Herzogs, aber Süß kassierte bei diesem Ablasshandel mit. Ein anonymes Flugblatt erschien: Joseph Süß »des Landes Gift, der Bürger Pest, Schelm, Spitzbub, Filou, Dieb und Schinder«.

Verhaftung und Hinrichtung

Süß spürte den zunehmenden Hass und bat den Herzog um Entlassung. Der aber wollte ihn nicht ziehen lassen. Ein freier Mann war Joseph Süß Oppenheimer schon lange nicht mehr. Als der Herzog 1737 überraschend starb, war Oppenheimer der Rache seiner Feinde schutzlos ausgeliefert. Sie wollten an dem einflussreichen Hofjuden ein Exempel statuieren. Süß wurde verhaftet und tagelang verhört, gedemütigt, gequält, gefoltert. Er sollte seine Verbrechen gestehen, nachweisen konnte man sie ihm nicht. Die Anklage lautete schließlich auf Hochverrat, Münzfälschung, Aussaugung des Landes durch »tolle Machinationen«, Kränkungen der Religion. Nach einem äußerst fragwürdigen Prozess wurde Süß zum Tode verurteilt. In den Augen seiner Ankläger gebührte dem »lüsternen Verführer«, dem »kaltblütigen Geschäftsmann«, dem »Freidenker« und nicht zuletzt dem »Juden« der Strick.

Im Februar 1738 wurde er hingerichtet. 12 000 Schaulustige, mehr als die Hälfte der Stuttgarter Bevölkerung, machten seine Hinrichtung zu einem grausigen Fest. Schon im Gefängnis hatte Süß, der seit vielen Jahren sein Glaubensbekenntnis nicht mehr praktiziert hatte, sich auf sein Judentum besonnen. Als er zum Galgen geführt wurde, betete er laut das Schma Israel. Aber nicht einmal seine Glaubensbrüder wollten zu ihm stehen – die Rabbiner verboten es, Süß zu Ehren das Kaddisch zu beten und um ihn zu trauern.

Sein Leichnam wurde in einen roten Eisenkäfig gehängt und sechs Jahre lang weit sichtbar vor den Toren der Stadt zur Schau gestellt, eine Warnung an alle Juden, sich nicht über die »gottgegebene« christliche Ordnung zu stellen.

Der Kampf ums Recht

Im Windschatten des industriellen Aufschwungs, der seit Mitte des 18. Jahrhunderts Europa erfasste, erkämpften sich das französische und das englische Bürgertum entscheidende politische Rechte. Deutschland, das in viele einzelne Fürstentümer zerfiel, hinkte dieser Entwicklung hinterher. Aber auch hier gärte es.

Im Mai 1832 versammelten sich 30 000 Menschen zum Hambacher Fest. Die Aufständischen wollten der Willkürherrschaft der Fürsten ein Ende bereiten und forderten das allgemeine Stimmrecht, Pressefreiheit und ein gesamtdeutsches Parlament. Ein neues Zeitalter schien anzubrechen. Auch für die deutschen Juden, von denen einige an diesen politischen Veränderungen entscheidend beteiligt waren.

Einer der mutigsten Streiter gegen die Bevormundung des Bürgers war der aus einer jüdischen Kaufmannsfamilie in Königsberg stammende Arzt Johann Jacoby (1805–1877), der unerschrocken für demokratische Rechte kämpfte. Freiheit, davon war er zutiefst überzeugt, werde es in Deutschland nicht ohne Freiheit auch für die Juden geben. »Wie ich selbst Jude und Deutscher zugleich bin«, schrieb Jacoby, »so kann in mir der Jude nicht frei werden ohne den Deutschen und der Deutsche nicht ohne den Juden; wie ich mich selbst nicht trennen kann, ebenso wenig vermag ich die Freiheit des einen von dem anderen zu trennen.«

Die Forderung nach einer Verfassung

Seine 1841 verfasste Flugschrift *Vier Fragen beantwortet von einem Ostpreußen*, in der er eine »echte Teilnahme des Volkes an der Politik, geregelt in einer Verfassung« forderte, machte ihn zum Helden der demokratischen Opposition. Die Flugschrift erschien anonym, denn ungefährlich war sie für den Verfasser nicht. Polizeispitzel machten sich denn auch gleich auf die Suche nach dem Autor. Da gab sich Jacoby zu erkennen und schickte ein Exemplar mit einer Widmung an den preußischen König Friedrich Wilhelm IV., dessen Untertan er war. Mit der Schrift wollte er den König daran erinnern, dass schon des Königs Vater dem Volk eine Verfassung in Aussicht gestellt hatte – ein Versprechen, das immer noch nicht eingelöst worden war.

Der König mochte davon nichts wissen. Für ihn war dieser Königsberger Arzt ein »frecher Empörer«, der Anführer einer »Clique, die mit Franzosensinn und Franzosenmitteln wirkt«. Französisch und jüdisch waren für den König zwei Worte, die nichts Gutes verhießen: Sie bedeuteten Rebellion und Gegnerschaft zum Königtum. Und wer waren die treibenden Kräfte dahinter? Die Juden. »Alles Gott Missgefällige«, so beschwerte sich Friedrich Wilhelm in einem Brief an den Königsberger Oberpräsidenten, sei »seit 12 Jahren durch Heine, Börne und wie das endlose Judengelichter heißt, versucht worden.« An Jacoby sollte nun ein Exempel statuiert werden.

Am 15. März 1841 wurde der Arzt des Hochverrats angeklagt. Darauf stand die Todesstrafe. Aber auch die Gerichte machten nicht mehr unwidersprochen, was der König wollte. Die Franzosen hatten in der Zeit ihrer Besetzung vielerorts in Deutschland das Rechtswesen verändert und Gesetze hinterlassen, auf die man sich berufen konnte. Das Oberlandesgericht in Königsberg erklärte sich für nicht zuständig, da Jacoby des Hochverrats angeklagt sei, ein solcher Fall müsse vor dem Kammergericht in Berlin verhandelt werden. Die Berliner Richter wiederum mochten in Jacobys Flugschrift keinen Hochverrat erkennen und schickten die Akten zurück nach Königsberg. Nun aber griff der verärgerte König ein – der Prozess müsse weitergeführt werden, ordnete er an. Ein Jahr später wurde Jacoby wegen Majestätsbeleidigung und Verspottung der Landesgesetze zu mehr als zwei Jahren Festungshaft verurteilt, aber er wehrte sich, legte Berufung ein und wurde schließlich freigesprochen.

Den Freispruch hatte der Kammergerichtspräsident Wilhelm Heinrich von Grolman gefällt, und er begründete sein Urteil damit, dass Aufrichtigkeit der Gesinnung »sehr wohl vereinbar ist mit einem freimütigen, die Grenzen des Anstandes und der dem Landesherrn schuldigen Ehrfurcht beachtenden Tadel bestehender Einrichtungen, dies wird wohl von niemanden in Abrede gestellt werden können«. Grolman billigte einem Bürger durchaus das Recht auf Kritik an der Obrigkeit zu.

Als sich der König und der Kammergerichtspräsident wenig später auf einem Hofball trafen und Friedrich Wilhelm IV., immer noch wütend über Grolmans Urteilsspruch, den Kammergerichtspräsidenten fragte, warum er Jacoby freigesprochen habe, antwortete Grolman: »Majestät, das sind Amtssachen.« In anderen Worten: Da haben Sie sich nicht einzumischen. Die Antwort gefiel dem König nicht, von unabhängigen Gerichten wollte er nichts wissen, und er erwiderte: »In solchen Dingen kann ich das Amt nicht von der Person trennen.« – »Ich aber kann es«, soll der alte Grolman gesagt haben; am nächsten Tag reichte er seinen Abschied ein.

Für Jacoby sollte es nicht der letzte Prozess gewesen sein. Als er wenige Jahre später die Einberufung einer Gesamtvertretung des deutschen Volkes forderte, wurde er erneut verhaftet. Inzwischen aber war er ein bekannter Mann, viele sympathisierten mit dem Angeklagten und sammelten Geld für ihn.

Die deutsche Nationalversammlung und die Grundrechte
Im März 1848 brach in Deutschland die Revolution aus. Die deutschen Fürsten waren von der Masse der Demonstranten völlig überrascht und aus lauter Angst vor »französischen Zuständen« zu großen Zugeständnissen bereit. Sie erließen Verfassungen und versprachen umfassende Reformen.

In Frankfurt bildete sich ein Vorparlament, das Wahlen vorbereiten sollte. Am 18. Mai 1848 zogen 586 Abgeordnete aus den deutschen Staaten in die Frankfurter Paulskirche ein, in der die deutsche Nationalversammlung tagte, unter ihnen auch – als Nachzügler – Johann Jacoby. Das Parlament bestand überwiegend aus Akademikern. Arbeiter, Bauern und Frauen fehlten; Letztere hatten noch kein Wahlrecht, weder durften sie wählen noch gewählt werden. Den Sommer über wurde beraten. Es gab viele strittige Fragen, über die man erst Einigkeit erzielen musste. Welche Staatsform sollte Deutschland künftig haben? Sollte es eine Monarchie oder eine Republik sein?

Wer sollte dazugehören? Wollte man eine »kleindeutsche« Lösung (das heißt ohne Österreich) oder eine großdeutsche (mit Österreich)? Aber am Ende wurde ein Katalog von Rechten verabschiedet. Dazu gehörten die Gleichheit vor dem Gesetz, die Freiheit der Person, die Meinungs-, Glaubens- und Gewissensfreiheit, das Recht auf Bildung – viele dieser Rechte sollten erst hundert Jahre später in Deutschland verwirklicht werden, als sie 1949 in dem Grundgesetz der neu gegründeten Bundesrepublik festgeschrieben wurden.

Dem ersten frei gewählten Parlament gehörten neun jüdische Abgeordnete an. Der Vizepräsident war zeitweilig Gabriel Riesser (1806–1863), ein studierter Jurist, der alle Hoffnungen auf einen deutschen Nationalstaat richtete: »Bietet mir mit der einen Hand die Emancipation, auf die alle meine innigen Wünsche gerichtet sind, mit der anderen die Verwirklichung des schönen Traums von der politischen Einheit. Ich würde ohne Bedenken die letztere wählen; denn ich habe die feste, tiefste Überzeugung, dass in ihr auch jene enthalten ist.« Riesser war ein unermüdlicher Streiter für die uneingeschränkte Gleichstellung der deutschen Juden. Ihre Emanzipation, so argumentierte er, sei eine entscheidende Frage für Deutschlands Zukunft. Ihm selbst war ein beruflicher Aufstieg lange versperrt geblieben. Weder durfte er Privatdozent an der Universität Heidelberg werden, noch erhielt er die angestrebte Zulassung als Anwalt in Hamburg. Erst wenige Jahre vor seinem Tod wurde er zum Obergerichtsrat ernannt und war damit der erste Jude in Deutschland, der ein Richteramt bekleidete. Seiner Überzeugungskraft und seinem Engagement war es zu verdanken, dass die 1849 verabschiedete demokratische Verfassung über die »Grundrechte des deutschen Volkes« den für die deutschen Juden entscheidenden Paragraphen 16 enthielt: »Durch das religiöse Bekenntnis wird der Genuss der bürgerlichen und staatsbürgerlichen Rechte weder bedingt noch beschränkt.« In den folgenden Wochen wurden in zwanzig deutschen Staaten Gleichstellungsgesetze verkündet – und doch wurden wenige Jahre später bereits viele der staatsbürgerlichen Rechte für Juden wieder aufgehoben, eingeschränkt oder vom Übertritt zum christlichen Glaubensbekenntnis abhängig gemacht.

Demokraten und Soldaten

Einige Monate zuvor hatten Jacoby und andere Abgeordnete noch einen Versuch gemacht, bei dem preußischen König in Potsdam Gehör für die republikanischen Anliegen zu finden. Friedrich Wilhelm IV. hörte sich widerwillig die respektvoll vorgetragene Bitte an, nahm ein Dokument von den Abgeordneten entgegen und wollte, ohne ein einziges Mal zu ihnen gesprochen zu haben, wieder gehen. Da setzte sich Jacoby über das höfische Zeremoniell hinweg, das Untertanen nicht gestattete, den König von sich aus anzusprechen. »Majestät«, wandte er sich an den König, »wir sind nicht bloß hierher gesandt, um Eurer Majestät eine Adresse zu überreichen, sondern auch, um Eurer Majestät über die wahre Lage des Landes mündlich Auskunft zu geben.« Der König reagierte nicht. Jacobys Nachfrage, ob der König der Delegation Gehör gewähre, wurde mit einem brüsken »Nein« beschieden. Als Friedrich Wilhelm IV. sich zum Gehen wandte, soll Jacoby ihm nachgerufen haben: »Das ist das Unglück der Könige, dass sie die Wahrheit nicht hören wollen!«

Kaum war die Delegation aus dem Saal entlassen worden, fielen Jacobys Kollegen über ihn her. Respektlos habe er gehandelt. Sie entschuldigten sich beim königlichen Kammerherrn für diese »unverzeihliche« Dreistigkeit und versicherten, Jacoby habe nur für sich gesprochen. In Berlin aber waren viele anderer Meinung. Drei Tage später versammelten sich Tausende am Alexanderplatz, zogen mit Fackeln zum Hotel Mylius in der Taubenstraße, wo die preußische Nationalversammlung tagte, und jubelten Jacoby zu.

Der preußische König – trotz aller Zugeständnisse, die er den Aufständischen in den Tagen des Straßenkampfes gemacht hatte – war längst davon überzeugt: Gegen Demokraten helfen nur Soldaten.

Jacoby hatte das vorausgesehen. Hellsichtig hatte er früh gewarnt, dass »jede Revolution verloren ist, welche die alten wohlorganisierten Gewalten neben sich fortbestehen lässt«. Er sollte Recht behalten. Während die Parlamentarier noch berieten, rüsteten die alten Mächte zum Gegenschlag. Österreichische Truppen kämpften in Wien gegen die Revolutionäre. Der preußische König verabschiedete eine Verfassung, die keinerlei Ähnlichkeiten mit den von den Parlamentariern in der Paulskirche verabschiedeten Grundrechten hatte. Die preußischen Abgeordneten wurden von der Berliner Regierung zurückgerufen. Jacoby und andere ignorierten den Beschluss. Sie zogen nach Stuttgart um, wo sie ein Rumpfparlament aufrechterhielten, bis sie auch dort von den Soldaten des württembergischen Königs überfallen und ausgewiesen wurden.

Die Revolution war gescheitert. Jacoby floh in die Schweiz. Dort hörte er, dass er inzwischen erneut des Hochverrats angeklagt war. Trotz vieler Warnungen kehrte er nach Hause zurück, wurde verhaftet und vor Gericht gestellt. Wie schon bei seinem früheren Prozess verteidigte er sich wiederum selbst, und auch diesmal war das Ergebnis ein Freispruch. Eine Sensation. Jacoby praktizierte wieder als Arzt.

Bismarck und Jacoby

Als der König 1862 Otto von Bismarck zum preußischen Ministerpräsidenten berief und dieser faktisch ohne Parlament regierte, da nahm Johann Jacoby aus Königsberg den Kampf wieder auf: Preußen breite seinen »Militärstaat über ganz Norddeutschland aus«, warnte er. Diesmal musste er für ein halbes Jahr ins Gefängnis. 1867 trat er der Internationalen Friedens- und Freiheitsliga bei, der italienische Freiheitskämpfer Giuseppe Garibaldi, der Engländer John Stuart Mill, der französische Schriftsteller Victor Hugo und Alexander Herzen gehörten dazu. Die Vereinigten Staaten von Europa waren ihr Ziel, aber Jacoby machte sich keine Illusionen: »Nach wie vor lassen die geknechteten Völker sich aufeinander hetzen.«

Unmittelbar vor dem Krieg gegen Frankreich löste Jacoby sich von seiner Partei, der von ihm mitgegründeten Fortschrittspartei, die ihm zu national, zu patriotisch wurde und damit der »urgermanischen Tollheit« verfiel, wie er meinte. Noch im Herbst 1870 war er in Königsberg wieder verhaftet worden, aber drei Wochen später musste Bismarck diesen »alten dürren Juden«, wie er Jacoby nannte, wieder freilassen.

In den letzten Jahren seines Lebens schloss der Königsberger Arzt sich der Sozialdemokratie an, die wenige Jahre später von Bismarck verfolgt werden sollte. Ein solcher politischer Schritt war für die Mehrheit der deutschen Juden völlig undenkbar. Die meisten waren konservativ. Jacoby hingegen wurde immer radikaler. 1863 sagte er in einer Rede: »Nicht Revolution, nicht der redlichste Wille freigesinnter Fürsten kann einem Volk die Freiheit geben; ebenso wenig vermag dies die Weisheit von Staatsmännern und Parlamentsrednern. Selbst denken, selbst handeln, selbst arbeiten muss das Volk, um die papierne Verfassungsurkunde zu einer lebendigen Verfassungswirklichkeit zu machen. (...) Wie auf dem wirtschaftlichen Gebiete, ganz ebenso auf dem politischen – ›Selbsthilfe‹ ist die Losung.«

Wegbereiter der Moderne

Nach Jahrhunderten der Verfolgung und Diskriminierung begann im deutschen Kaiserreich die große Zeit der Juden in Deutschland. Kreativität und Unternehmergeist, Erfindungsreichtum und Innovation explodierten förmlich; in Kunst und Wissenschaft, Wirtschaft und Politik nutzten die Juden nun, da sie keinen wirtschaftlichen oder rechtlichen Beschränkungen mehr unterlagen, ihre Möglichkeiten und wurden zu Wegbereitern der Moderne.

Jahrhundertelang waren sie fast ausschließlich im Handel tätig gewesen und hatten als Trödler, Hausierer, Vieh- und Textilhändler gelernt, schnell und flexibel auf die Wünsche ihrer Kunden einzugehen; diese Erfahrungen ließen sich im anbrechenden industriellen Zeitalter nutzen: Die Konsumgüterproduktion nahm rasant zu, denn Bevölkerung und individuelle Kaufkraft wuchsen; Im- und Exporte stiegen mit der Integration Deutschlands in den Weltmarkt in bisher nicht gekanntem Ausmaß; Fortschritte in Wissenschaft und Technik revolutionierten den gesellschaftlichen Alltag; serielle Fertigungsverfahren ermöglichten den Massenkonsum; Zeitungen entwickelten sich bis zur Jahrhundertwende zu Massenmedien; elektrisches Licht ließ die Städte in bisher unbekanntem Glanz erstrahlen und zu Magneten für die Menschen werden. Solche Entwicklungen setzten Veränderungen in Gang, die gerade von jüdischen Unternehmern, Forschern und Künstlern maßgeblich vorangetrieben wurden. Sie waren risikofreudig und offen für Neuerungen.

Konsum und Mobilität

Jüdische Kaufleute, die vorher meist kleine, familiär geführte Einzelhandelsgeschäfte betrieben und sich vor allem auf den Verkauf von Textilien, Schuhen, Nahrungs- und Genussmitteln spezialisiert hatten, passten ihre Betriebe in diesen Jahren den neuen Bedingungen der Konsumgesellschaft an: Sie verbreiterten ihr Angebot, führten Festpreise ein, warben für ihre Produkte und Dienstleistungen und eröffneten Filialen oder einen Versandhandel, um sich stetig neue Kundenkreise zu erschließen. Aus England und den USA hatte man sich das Konzept der Warenhäuser abgeguckt, in denen eine breite Produktpalette zu verhältnismäßig niedrigen Preisen angeboten wurde. 1896 eröffnete Hermann Tietz sein erstes Warenhaus in Gera, dem in anderen Städten weitere folgten, die später den Namen »Hertie« trugen. Die meisten und größten dieser neuen »Tempel des Konsums«, die vor allem in Berlin, aber auch in Zwickau, Nürnberg, Chemnitz oder Stuttgart entstanden, sind mit den Namen Wertheim, Schocken oder Jandorf verbunden. In ihren Warenhäusern mit prachtvollen Treppenaufgängen, mondänen Leuchtern und der ansprechenden Dekoration der Waren sollte der Einkauf eine Lust sein.

Der Kommerzienrat Adolf Jandorf eröffnete 1907 in Berlin sein legendäres »Kaufhaus des Westens« (KadeWe), mit seinen unvorstellbaren 24 000 Quadratmetern Verkaufsfläche auf fünf Etagen das damals größte und eleganteste Warenhaus in Deutschland. Er erkannte als Erster, wie wichtig auch eine moderne Verkehrsanbindung für den geschäftlichen Erfolg ist und errichtete das KadeWe direkt gegenüber dem Bahnhof der gerade eröffneten U-Bahn am Wittenbergplatz. Die schlesische Textilfirma Grünfeld baute in Berlin einen erfolgreichen Versandhandel auf und warb mit zahlreichen Zeitungsanzeigen für ihre Waren. 1912 beschäftigte sie bereits 2000 Angestellte. Noch größer war das Berliner Modehaus von Hermann Gerson, dessen Erzeugnisse in aller Welt nachgefragt wurden. Mit 30 Millionen Mark Jahresumsatz war die Firma bereits 1894 das größte Unternehmen der Branche. Die kleine Schuhfabrik J. Sigle & Co aus Kornwestheim entwickelte sich zu einem Unternehmen mit einem großen Filialnetz, später ging hieraus die Firma Salamander hervor. Der traditionsreiche Berliner Spirituosenhersteller Meyer – »keine Feier ohne Meyer« – eröffnete innerhalb weniger Jahre fast 500 Verkaufsstellen in Berlin.

Mit dem Eisenbahnbau, der in Deutschland zwischen 1870 und 1890 seinen Höhepunkt erreichte und Menschen wie Güter immer mobiler machte, nahm auch die Zahl der jüdischen Spediteure und Droschkenunternehmer sprunghaft zu. Jüdische Fuhrleute hatten im Transportgeschäft früh die Marktlücke entdeckt. Bereits 1812 erhielt der Pferdehändler Alexi Mortier aus Dessau einen Exklusivvertrag für ein Fuhrunternehmen in Berlin, um »mit Rücksicht auf die Bequemlichkeit der Berliner Einwohner sogenannte Warschauer Droschken zum Vermieten öffentlich in der Stadt aufzustellen«; 1839 wurde sein Vertrag dann um die Erlaubnis erweitert, »3 Omnibusse an dem vor kurzem eröffneten Potsdamer Bahnhof für die ankommenden Züge aufzustellen«. Das Beispiel Mortiers machte Schule, und die Zahl der im Fuhrgeschäft tätigen Juden nahm in den nächsten Jahrzehnten rapide zu; sie verdoppelte sich noch einmal in den Boomjahren 1895 bis 1907.

Auch in kapitalintensiveren Transportunternehmen wurden Juden zu Wegbereitern der Moderne. 1870 gründete Wilhelm Kunstmann (1844–1934) die größte Reederei Preußens in Stettin; Eduard Arnold (1849–1925) versorgte mit seiner Flotte von Kohlenschleppern die Berliner mit oberschlesischer Kohle; und als ihr Generaldirektor machte Albert Ballin (1857–1918) die Hamburg-Amerika Paketfahrt AG (Hapag) zur wichtigsten Transatlantiklinie und größten Reederei der Welt, auf deren Schiffen die zahllosen Auswanderer den Weg nach Übersee antraten. Ballin hatte sich bei der Hapag vom Lehrling zum Direktor hochgearbeitet und beriet als einer der wenigen »Kaiserjuden«, die direkten Zugang zum Thron hatten, Wilhelm II. in Wirtschaftsfragen.

Die Modernisierung der Medien

Um die Jahrhundertwende wurde Berlin mit mehr als 800 Zeitschriften das größte Zeitungszentrum der Welt. In diesen Jahren entwickelten sich die von Rudolf Mosse (1843–1920) und Leopold Ullstein (1826–1899) herausgegebenen Blätter zu einflussreichen Massenmedien. Im Buchhandel stieg Samuel Fischer mit seinem 1886 gegründeten Verlag zum größten deutschen Buchverleger auf.

Rudolf Mosse war 1860 aus Posen nach Berlin gekommen und hatte anfänglich für die auflagenstarke Familienzeitschrift *Die Gartenlaube* Anzeigen akquiriert. Kurze Zeit darauf eröffnete er eine eigene Anzeigen-Agentur und legte damit das Fundament für seinen unternehmerischen Erfolg. Binnen weniger Jahre wurde aus dem kleinen Betrieb ein weit verzweigtes Unternehmen mit Filialen im In- und Ausland, in dem die Anzeigen nach Kundenwünschen gestaltet wurden – ein neuartiger Service, der Mosse zum Pionier der modernen

Werbung machte. 1871 gründete der Unternehmer das *Berliner Tageblatt*, das zu einem der wichtigsten Organe der deutschen Pressegeschichte wurde.

Ab 1904 durften Zeitungen auf der Straße verkauft werden, bis dahin waren nur Abonnements zugelassen. Der Straßenverkauf steigerte die Auflagen von Mosses *Berliner Tageblatt* und Ullsteins *Berliner Morgenpost* erheblich. Mit der *BZ am Mittag*, der »schnellsten Zeitung der Welt«, oder dem *8-Uhr-Abendblatt* entstanden die ersten Boulevardzeitungen – mit ihren sensationell aufgemachten Schlagzeilen und aktuellen Pressefotos trafen sie den Geschmack eines breiten Publikums.

Fünf Tage nach Hitlers Sieg bei den Reichstagswahlen am 5. März 1933 wurde Rudolf Mosses Zeitung *Berliner Tageblatt* verboten. Die politisch kompromisslosen Artikel des legendären jüdischen Chefredakteurs Theodor Wolff (1868–1943), der während des Ersten Weltkriegs unermüdlich und unerschrocken Deutschlands Kriegszielpolitik, den Chauvinismus seiner Außenpolitiker, den Einsatz von Giftgas und den völkerrechtswidrigen unbeschränkten U-Boot-Krieg angeprangert und das *Tageblatt* zur einflussreichsten Hauptstadtzeitung gemacht hatte, handelten der Zeitung schon in den frühen Jahren der Weimarer Republik den Vorwurf ein, sie habe durch den »Dolchstoß« gegen das Militär zu Deutschlands Niederlage beigetragen. Am 5. März erschien Wolffs letzter Leitartikel, er floh aus Nazi-Deutschland in die Schweiz, die ihm aber kein Aufenthaltsrecht geben wollte. Ein Jahrzehnt später wurde er im besetzten Frankreich der Gestapo übergeben und ins Konzentrationslager Sachsenhausen deportiert. Schwer erkrankt verlegte man ihn in das Berliner Jüdische Krankenhaus, wo er drei Tage später starb.

Eine der wichtigsten Zeitschriften war die *Weltbühne*, die 1905, damals noch unter dem Namen *Schaubühne* in Berlin erstmals erschien und während der Weimarer Republik das Forum der radikaldemokratischen bürgerlichen Linken wurde. Im Vergleich mit vielen anderen Magazinen hatte sie nur eine kleine Auflage, aber großen Einfluss. Hellsichtiger als andere erkannten ihre meist jüdischen Autoren die Gefahr des Terrors von rechts – besonders der aus wohlhabender jüdischer Familie stammende Kurt Tucholsky, ein »kleiner dicker Berliner«, so schrieb Erich Kästner, »der die Katastrophe mit der Schreibmaschine aufhalten wollte«.

1912 hatte Tucholsky seinen ersten Roman, *Rheinsberg*, veröffentlicht, ein *Bilderbuch für Verliebte*, das ein großer Bestseller wurde. Bald darauf aber war »Tucho« Deutschlands bestgehasster Satiriker, weil er mit besonderer Vorliebe die hohlen Phrasen der Politik aufspießte: »Man steche mit der Nadel der Vernunft hinein, und es bleibt ein runzliges Häufchen schlechter Grammatik«, schrieb er. Tucholsky erkannte am schärfsten, wie sehr die Armee, die Justiz, die Verwaltung immer noch Hochburgen des Obrigkeitsdenkens waren. Er kritisierte, wie besonders an den Schulen der Krieg weiter verherrlicht wurde. »Jede Glorifizierung eines Menschen, der im Krieg getötet worden ist, bedeutet drei Tote im nächsten Krieg.« Für solche Sätze wurde er selbst von konservativen jüdischen Kritikern heftig angegriffen.

Aber bedrohlicher erschien ihm die heimliche Aufrüstung, das Fortbestehen des alten militaristischen Geistes, die verknöcherte Justiz. Immer wieder warnte er vor dem, was sich da am politischen Horizont zusammenbraute. Joseph Goebbels wurde früh auf dieses »Literaturschwein« aufmerksam. Tucholsky verließ Deutschland 1929 und beging einige Jahre später im schwedischen Exil Selbstmord.

Banken und Aktiengesellschaften

Die prominenteste und wohl auch umstrittenste jüdische Gruppe bildeten die im Geld- und Kreditgeschäft tätigen Bankiers, denen aufgrund des steigenden Finanzbedarfs für die Industrialisierung eine Schlüsselrolle zufiel. Durch das Verbot, Boden zu besitzen, waren die Juden früh auf die Kapitalwirtschaft verwiesen worden, hatten im Laufe der Zeit eine hohe Sachkompetenz entwickelt, internationale Beziehungen aufgebaut und namhafte Privatbanken gegründet. Zu den bekanntesten Häusern in der zweiten Hälfte des 19. Jahrhunderts gehörten Mendelssohn und Warburg in Hamburg, Oppenheim in Köln, Dreyfus, Goldschmidt, Oppenheimer und Speyer in Frankfurt, Aufhäuser in München sowie Arnold und Bleichröder in Berlin.

Gerson Bleichröder war schon mit siebzehn Jahren in das Bankhaus seines Vaters eingestiegen, der Fabrikant, Heereslieferant und königlicher Hofparfumeur gewesen war, bevor er eine Geldwechsel- und Lotteriestube eröffnete, die so erfolgreich arbeitete, dass daraus später das Bankhaus Bleichröder entstand. Sein Sohn mehrte das Vermögen der Familie – er war bald der reichste Mann in Berlin und stand dem bedeutendsten Bankhaus Deutschlands vor. Auch Bismarcks Privatvermögen verwaltete er und beriet den Kanzler in finanzpolitischen Fragen. 1872 wurde er als erster Jude in den erblichen Adelsstand erhoben. Trotz dieses gesellschaftlichen Aufstiegs blieb Bleichröder bei seinem Glauben und setzte sich für seine jüdischen Glaubensbrüder in Rumänien ein. Nach seinem Tod 1893 nahm die Bedeutung der Privatbanken stetig ab, da sich das Geldgeschäft zunehmend auf die neu entstehenden Aktiengesellschaften und Großbanken, wie die Dresdner Bank und die Deutsche Bank, verlagerte.

Auch hieran waren jüdische Persönlichkeiten maßgeblich beteiligt. So zählte zu den Mitbegründern der Dresdner Bank etwa Eugen Gutmann, dessen Name bis heute das zentrale Bankgebäude am Pariser Platz in Berlin trägt; einer der ersten Direktoren der Deutschen Bank war Ludwig Bamberger, der 1852 für sein demokratisches Engagement zum Tode verurteilt worden war, aber ins sichere Schweizer Exil hatte flüchten können und in dieser Zeit den neuen Effektenhandel kennengelernt hatte. Später, als nationalliberaler Politiker und Abgeordneter im Reichstag, wurde er zu einem der Väter eines einheitlichen Finanzsystems in Deutschland.

Zu den wichtigsten Finanziers der deutschen Industrie in jener Zeit zählte die Berliner Handelsgesellschaft, eine Aktienbank, der der jüdische Bankier Carl Fürstenberg vorstand. Fürstenberg finanzierte unter anderem Emil Rathenau, der schon früh »den unersättlichen Elektrizitätshunger der Menschheit« erkannt und bereits 1881 die Lizenz der Patente Thomas Alva Edisons für Deutschland erworben hatte. Kurz darauf gründete er die Deutsche Edison Gesellschaft (DEG) und fand in Fürstenberg einen Finanzier, der ihm die für den Aufbau der Elektrowirtschaft nötigen enormen Kredite gewährte. Mit Hilfe dieses Geldes baute die DEG in Berlin das erste öffentliche Kraftwerk in Deutschland und machte damit 1885 den entscheidenden Schritt zur flächendeckenden Stromversorgung nicht nur Berlins, sondern des ganzen Landes. Sowohl Rathenau wie Fürstenberg hatten unter Inkaufnahme eines hohen persönlichen Risikos eine richtige unternehmerische Entscheidung getroffen: Die Allgemeine Elektrizitätsgesellschaft (AEG), in die sich die DEG 1887 umbenannte, wuchs schnell zu einem Großkonzern heran; als Emil Rathenau 1915 starb, hatte die AEG bereits 70 000 Angestellte – sein Sohn, Walther Rathenau, der 1899 in den Vorstand der AEG eintrat, saß später im Aufsichtsrat von 80 Unternehmen. Aber trotz aller beruflichen und gesellschaftlichen Erfolge quälte ihn die ungelöste »jüdische Frage«. »In den Jugendjahren eines jeden deutschen Juden«, so schrieb er, »gibt es einen schmerzlichen Augenblick, an den er sich zeitlebens erinnert: wenn ihm zum ersten Mal voll bewusst wird, dass er als Bürger zweiter Klasse in die Welt getreten ist und dass keine Tüchtigkeit und kein Verdienst ihn aus dieser Lage befreien kann.« Sieben Jahre nach dem Tod seines Vaters Emil wurde Walther Rathenau 1922 als deutscher Außenminister ermordet.

Wissenschaft und Forschung
Es war der wirtschaftliche Erfolg der Elterngeneration, der es vielen jungen Juden im Kaiserreich ermöglichte, ein Studium zu absolvieren

und sich vom Wirtschaftsbürgertum ab- und dem Bildungsbürgertum zuzuwenden, nicht mehr in die Fußstapfen des Vaters zu treten, sondern eine intellektuelle und künstlerische Tätigkeit in Kultur, Wissenschaft oder Medien anzustreben. Dafür brachten sie beste Voraussetzungen mit. Während nur etwa acht Prozent aller Kinder im Deutschen Reich einen über die Volksschule hinausgehenden Abschluss vorweisen konnten, betrug dieser Anteil bei jüdischen Kindern knapp 60 Prozent und lag in Großstädten wie Berlin oder Hamburg noch einmal deutlich höher.

Da eine Staatsanstellung als Lehrer, Professor oder Richter wegen des anhaltenden Antisemitismus kaum zu erlangen war, drängten die meisten jüdischen Akademiker in die freien Berufe und wurden Kulturschaffende, Anwälte, Journalisten oder Ärzte. Denn selbst wer den Sprung in eine Universitätslaufbahn geschafft hatte, wie beispielsweise der Physiker und Erfinder der Neon-Röhre Leo Arons (1860–1919), musste stets mit Intrigen und Demission rechnen. Denn auch im Kaiserreich gärte der Judenhass weiter. Im Falle Arons kam hinzu, dass er SPD-Mitglied und einer der Wegbereiter der Gewerkschaftsbewegung war; diese Mischung erschien Wilhelm II. unverträglich, und höchstpersönlich wies er das Preußische Kultusministerium an, den Berliner Privatdozenten »sofort aus der Universität und seinem Amt hinauszubefördern«. Arons, der zusammen mit Walther Rathenau in Straßburg studiert hatte, fand später eine Anstellung in dessen AEG.

Die Mehrzahl der jüdischen Studenten bereitete sich deshalb von vornherein auf eine spätere Selbständigkeit vor. Viele strebten den politisch und ideologisch eher unbelasteten Arztberuf an, der eine lange Tradition unter Juden hatte. Im Studienjahr 1886/87 studierten 57 Prozent aller jüdischen Studenten in Preußen Medizin. Manche von ihnen erlangten Anerkennung als Forscher und Pioniere – wie der Nobelpreisträger der Medizin, Paul Ehrlich (1854–1915), auf dessen Forschungen die Chemotherapie beruht, oder der Begründer der Sexualwissenschaft, Magnus Hirschfeld (1868–1935).

Auch in anderen Wissenschaftszweigen taten sich jüdische Forscher hervor, die zumeist, wie Ehrlich und Hirschfeld, keine Universitätsprofessur innehatten, sondern an Fachkliniken oder in Forschungseinrichtungen beschäftigt waren, deren bedeutendste die Kaiser-Wilhelm-Gesellschaft – heute Max-Planck-Gesellschaft – unterhielt.

Am Kaiser-Wilhelm-Institut für Physikalische Chemie und Elektrochemie forschte Fritz Haber (1868–1934), der 1918 den Nobelpreis für Chemie erhielt; an einem Kaiser-Wilhelm-Institut fand auch der vielleicht berühmteste jüdische Wissenschaftler des 20. Jahrhunderts, Albert Einstein (1879–1955), optimale Arbeitsbedingungen. Er erhielt 1921 den Nobelpreis – allerdings nicht für seine Relativitätstheorie, für die er bis heute weltberühmt ist, sondern für eine Schrift über die Strahlung und die energetischen Eigenschaften des Lichts.

Die Verleihung des Nobelpreises an Fritz Haber war hoch umstritten, wurde er doch für die Ammoniaksynthese geehrt, ein Verfahren, das nicht nur die Herstellung stickstoffhaltigen Düngers erlaubt, sondern auch die Herstellung von Sprengstoff. Gerade letztere Eignung schien den »Patrioten« Haber zu interessieren, der sich und seine Forschung in den Dienst des Militärs stellte. Haber gilt als »Vater des Gaskrieges«: 1915, drei Jahre vor der Nobelpreisehrung, befehligte er persönlich den ersten Chlorgas-Einsatz des deutschen Heeres an der Westfront in Belgien, gleich danach wurde er in einer Blitzbeförderung zum Hauptmann ernannt. Seine Frau Clara, eine überzeugte Pazifistin, sah in den Gaseinsätzen ein Kriegsverbrechen; sie beging Selbstmord, was Haber aber nicht von weiteren Giftgasversuchen abhielt.

Einstein hingegen, der schon 1896 die deutsche Staatsbürgerschaft aufgegeben hatte – auch um der Wehrpflicht zu entgehen –, schrieb mitten im Krieg 1915 einen Aufsatz »Meine Meinung über den Krieg«, in dem er alle Hoffnungen auf eine europäische Staatengemeinschaft setzte, die dereinst vielleicht »europäische Kriege ebenso ausschließen wird, wie jetzt das Deutsche Reich einen Krieg zwischen Bayern und Württemberg«. Für Einstein war der Krieg eine »traurige internationale Verirrung«; dass sich daran auch so viele Wissenschaftler beteiligten, die doch »Weltbürger« waren, deprimierte ihn. Eine kurze Zeit lang arbeitete er später als deutscher Vertreter in einer Kommission des Völkerbundes mit, in den Deutschland erst 1926 aufgenommen wurde, bis er resigniert aufgab. Er war zu der Überzeugung gekommen, »dass der Völkerbund weder die Kraft noch den Willen zur Erfüllung seiner großen Aufgabe hat«.

Überall im Ausland hielt der Physiker, der bekannt wie ein Popstar und ständig von Fotografen umlagert war, Vorträge vor überfüllten Publikumsrängen. Die englische Zeitung *Daily Mail* feierte ihn trotz seines miserablen Englisch: »Er ist ein Jude. Er ist ein Revolutionär. Es ist gleichgültig, ob man seine Sprache versteht oder nicht. Man weiß, man ist im Bann einer bezwingenden Persönlichkeit, einer gewaltigen Geistesmacht.« Selbst die Franzosen, die wegen des Krieges nicht gut auf die Deutschen zu sprechen waren, bewunderten ihn. Er besuchte in Frankreich die Schlachtfelder des Ersten Weltkrieges und die Friedhöfe der Toten und sprach von seinem Abscheu für alles Militaristische. Die Reaktion in Deutschland erfolgte prompt: »Überläufer«, schimpften die einen, andere warfen ihm »Anbiederung an die Franzosen« vor.

Im Juli 1930 unterschrieb Einstein ein Manifest, in dem er die Wissenschaft warnte, sich an der Aufrüstung zu beteiligen: »Wissen Sie, was ein neuer Krieg mit den Zerstörungsmitteln, die die Wissenschaft täglich vervollkommnet, bedeuten würde?« Hellsichtiger als andere sah er die Gefahr eines neuen Weltkrieges voraus. »Wer es zulässt, dass die Demokratie zerstört wird, der riskiert seinen eigenen Untergang.« Mit prominenten Schriftstellern wie Heinrich Mann, dem Amerikaner Upton Sinclair, dem Franzosen Romain Rolland rief er zu einem großen internationalen Kongress zur Verhinderung eines neuen Krieges auf, unterstützte Kriegsdienstgegner und setzte sich, zusammen mit Käthe Kollwitz und Erich Kästner, für ein Zusammengehen von SPD und KPD ein. Aber nicht einmal im Angesicht der wachsenden Gefahr für die Republik fanden die beiden Arbeiterparteien zusammen. Es wäre wohl leichter, »Kain und Abel zu versöhnen«, stöhnte Einstein.

Die »Judenrepublik«

Einstein war ein überzeugter Anhänger der Weimarer Republik. Anders als viele seiner Kollegen, für die mit der Kapitulation Deutschlands am Ende des Ersten Weltkriegs und mit der Abdankung des Kaisers eine Welt zusammenbrach, glaubte er an die Republik: »Etwas Großes ist wirklich erreicht«, schrieb er im Dezember 1918. »Die militärische Religion ist verschwunden. Ich glaube, sie wird nicht wiederkehren.« Für die deutschen Juden markierte die neue Republik einen hoffnungsvollen Neubeginn. Selbst in der Politik waren sie keine Außenseiter mehr. In den meisten deutschen Ländern gab es jüdische Minister, 24 Juden saßen im Reichstag, und zwischen 1919 und 1924 gab es sechs jüdische Reichsminister. Gerade dieser Erfolg aber führte dazu, dass sie mit der Weimarer Republik identifiziert wurden. Die Feindschaft gegen die Juden verband sich bei den alten Eliten und in großen Teilen des Bürgertums zunehmend mit einer Verachtung für die Demokratie, die von Juden dominiert sei und der Nation die Schmach von Versailles zugefügt habe. Weimar wurde zur verhassten »Judenrepublik«.

Und die republikfeindlichen Kräfte marschierten. Ihr prominentestes Opfer wurde Walther Rathenau. Dereinst wie so viele deutsche Juden ein Anhänger der Monarchie, hatten ihm die Kriegsjahre vor Augen geführt, wie sehr obrigkeitsstaatliches Denken und Handeln die Deutschen in den Krieg getrieben hatten – viel zu sehr hätten sie der Autorität von Blut und Amt vertraut; allerdings überschätzte Rathenau, wie radikal sie mit dieser Tradition gebrochen hatten.

Wegbereiter der Moderne

1922 übernahm der »Vernunftrepublikaner« das Amt des Außenministers. Freunde rieten ab – ein Jude als Vertreter aller Deutschen, das könne nicht gutgehen. Rathenau aber hielt es für seine Pflicht, am Wiederaufbau mitzuwirken und das durch den Krieg ramponierte Ansehen Deutschlands wieder zu korrigieren. Er bemühte sich um strikte Erfüllung des Versailler Vertrages. Das empörte die nationale Rechte, die den Friedensvertrag für ein »Schandwerk« hielt. An Drohungen gegen den »Erfüllungspolitiker« ließ sie es nicht fehlen. »Schlagt ihn tot den Walther Rathenau, die gottverdammte Judensau!«, skandierten sie.

Am 24. Juni 1922 wurde Rathenau, der den Schutz von Leibwächtern ablehnte, auf dem Weg ins Büro von Mitgliedern der rechtsradikalen »Organisation Consul« ermordet. Auf das Konto dieser Organisation, die tief in Geschäfte um die verbotene Wiederaufrüstung verstrickt war, gingen weitere Attentate – auch der Mord an dem ehemaligen Finanzminister Matthias Erzberger, der von den Rechtsradikalen als »Novemberverbrecher« und »Volksverräter« geschmäht wurde, weil er das Waffenstillstandsabkommen mit den Alliierten zur Beendigung des Ersten Weltkriegs unterzeichnet hatte.

Rathenaus Beerdigung wurde zu einer großen Demonstration, Hunderttausende säumten die Straßen zum Jüdischen Friedhof. Viele hofften, die Ermordung des Ministers würde die Regierung und die Polizeibehörden endlich zu einem entschiedeneren Vorgehen gegen die wachsende antisemitische Bewegung bewegen. Doch die Feinde der Republik blieben nahezu unbehelligt.

Das zeigte sich auch bei dem Urteil gegen den gescheiterten Putschisten Adolf Hitler, der am 9. November 1923 mit seinen Getreuen in München gegen die Regierung marschierte. Das Urteil gegen den selbsternannten »Führer«, der seine Auftritte vor Gericht dazu nutzte, um zur »Auflehnung gegen die Landesverräter« aufzurufen, fiel milde aus. In der Haft konnte er Besucher empfangen und seinem getreuen Rudolf Heß, später der »Stellvertreter des

Führers«, seine Memoiren Mein Kampf diktieren. Das Buch wurde ein Bestseller, Hitler aufgrund seiner »vaterländischen Gesinnung« nach nur einem Jahr entlassen. Wenige Jahre später wurde er Reichskanzler.

So wurde »der Jude« mehr und mehr zur Zielscheibe der Rechten. Er galt als fremd und »modernistisch«. Denn viele Neuerungen dieser Zeit – im Film, im Theater, in der Literatur, Malerei, Musik, Architektur und Wissenschaft – verdankten sich den Berliner oder Wiener Juden. Sigmund Freud und Alfred Adler galten als Väter der Psychoanalyse, einer neuen Wissenschaft, die sich dem Unbewussten zuwandte. Arnold Schönberg revolutionierte die Musik mit seiner Zwölftonmusik. Max Reinhardts Deutsches Theater war weit über die Grenzen Berlins hinaus bekannt. Die Filmindustrie, die in den zwanziger Jahren einen großen Aufschwung erlebte, hatte jüdische Produzenten, Drehbuchschreiber und Regisseure. Viele von ihnen machten später in Hollywood Karriere. Fritz Lang drehte 1926/1927 seinen weltberühmten Film *Metropolis*, ein Filmklassiker über das moderne Großstadtleben. Von seiner jüdischen Abstammung wussten nur wenige. 1933 bot ihm der nichts ahnende Goebbels, Hitlers Propagandaminister, die künstlerische Leitung der Filmproduktion an. Am gleichen Abend floh Lang aus Deutschland.

Einstein hielt sich in Kalifornien auf, als Adolf Hitler zum Reichskanzler berufen wurde. Wenige Monate später, als die Nationalsozialisten fest im Sattel saßen, erklärte er, er werde nie wieder deutschen Boden betreten. Die Nazis hatten es auf ihn, tot oder lebendig, abgesehen.

Aber auch seinem Freund Fritz Haber hat der Einsatz fürs Vaterland nichts genützt. In den zwanziger Jahren forschte er an neuen Giften zur Schädlingsbekämpfung. Eins davon wird Zyklon B genannt. Wenige Jahre darauf sollten es die Nazis zur Ermordung der europäischen Juden und anderer, die von ihnen verfolgt wurden, in den Gaskammern einsetzen. Ihm fielen auch Verwandte von Fritz Haber zum

Opfer. Er selbst musste Deutschland 1933 verlassen. Im Januar 1934 starb er an Herzversagen.

Der »Manager des Völkermords«

Am 11. April 1961 eröffneten drei Richter unter Vorsitz des deutschstämmigen Moshe Landau in Jerusalem die Strafsache 40/61, den Prozess gegen SS-Obersturmbannführer Adolf Eichmann (1906–1962), Leiter der »Zentralstelle für jüdische Auswanderung«, später im Reichsicherheitshauptamt der SS zuständig für »Juden- und Räumungsangelegenheiten« und damit auch für die Deportation von Millionen Juden in Ghettos und Konzentrationslager.

Eichmann, aus einer bürgerlichen Familie in Linz stammend, hatte als Handelsvertreter für die Erdöl- und Benzinwirtschaft gearbeitet, bevor er im Frühjahr 1933 arbeitslos wurde und nach dem Verbot der NSDAP in Österreich nach Deutschland übersiedelte. Dort trat er in den Sicherheitsdienst der SS ein, der unter Führung von Reinhard Heydrich und des von ihm geleiteten Reichssicherheitshauptamtes in der »Judenpolitik« wachsenden Einfluss gewann. Seit Eichmann im Frühjahr 1938 die »Auswanderung« der jüdischen Bevölkerung Wiens organisiert hatte, galt er als »Spezialist«, der nach dem Überfall auf Polen 1939 maßgeblich für die »völkische Flurbereinigung« der annektierten Gebiete sorgte und 1941 mit der Aufgabe betraut wurde, alle europäischen Juden in den »Osten« zu deportieren. Ein Schreibtischtäter war er nicht, sondern ein höchst effizienter »Manager des Völkermords«, wie der britische Historiker David Cesarani schrieb, der seine Aufgabe mit großem Engagement erfüllte, die Deportationen vorantrieb, mit dem Auswärtigen Amt verhandelte, die Gegebenheiten vor Ort inspizierte und besessen war von der Aufgabe, den »jüdischen Feind« zu vernichten.

Die Suche nach Adolf Eichmann

Nachdem Eichmann ihnen aus einem ihrer Internierungslager entkommen war, hatten die Amerikaner den späteren »Nazi-Jäger« Simon Wiesenthal schon 1945, nach seiner Befreiung aus dem Konzentrationslager Mauthausen, beauftragt, nach Eichmann zu suchen. Der war inzwischen unter dem Namen Otto Henninger in der Lüneburger Heide als Holzfäller, später Gelegenheitsarbeiter, untergetaucht. 1950 nutzte Eichmann alte NS-Netzwerke, die Kontakte zu deutsch-katholischen Kreisen um den österreichischen Bischof Alois Hudal im Vatikan hatten, um nach einer kurzen Zwischenstation in einem Franziskanerkloster im Südtiroler Bozen, zusammen mit 15 anderen Deutschen nach Argentinien zu flüchten. Eichmann fand eine Anstellung im Werk von Mercedes Benz Argentinia und holte einige Zeit später seine Familie nach. Seine Söhne schulte er unter ihrem richtigen Namen in der deutschen Schule ein.

1954 hatte Wiesenthal einen ersten Hinweis auf Eichmanns argentinischen Aufenthaltsort erhalten und diesen an den Jüdischen Weltkongress gegeben – ohne Resonanz. Weder der World Jewish Congress (WJC) noch der israelische Geheimdienst Mossad zeigten damals Interesse an einer Ergreifung. Die Motive dafür konnten bis heute nicht geklärt werden. 1957 wurde Fritz Bauer, hessischer Generalstaatsanwalt, durch einen Brief des mit ihm befreundeten ehemaligen KZ-Häftlings Lothar Hermann aus Buenos Aires mit Mutmaßungen über den möglichen Aufenthaltsort der Familie Eichmann konfrontiert. Bauer informierte die israelische Regierung. Auch hier: keine Reaktion.

Warum Eichmann nicht strafrechtlich verfolgt wurde, warum auch die Bundesregierung kein Auslieferungsersuchen an Argentinien stellte, obwohl dem deutschen wie dem amerikanischen Geheimdienst Eichmanns Verbleiben in Buenos Aires, wie aus 2006 freigegebenen CIA-Akten hervorgeht, bekannt war, darüber kann nur spekuliert werden.

Die Entführung

Im Frühjahr 1960 erst will der israelische Geheimdienst den entscheidenden Tipp erhalten haben, dass sich der Gesuchte unter dem Namen Ricardo Klement in der argentinischen Hauptstadt Buenos Aires eine neue, unscheinbare Existenz aufgebaut haben soll. Der Mossad schickte daraufhin Agenten nach Argentinien, die den mutmaßlichen Eichmann zunächst beschatteten, um den Zugriff vorzubereiten. Im Mai 1960 wurde Eichmann dann nach Israel entführt. Über diesen Coup, eine spektakuläre Verletzung internationalen Rechts, auf die die Argentinier höchst verschnupft reagierten und den Sicherheitsrat einschalteten, um Israels Vorgehen von der internationalen Gemeinschaft abstrafen zu lassen, wurden höchst unterschiedliche Geschichten verbreitet: Eichmann sei mit Drogen betäubt und im Morgenmantel an den argentinischen Passbehörden als »alter sterbenskranker Jude« vorbeigeschmuggelt worden; in einer anderen Version hatte er angeblich alle Kontrollen in der Uniform eines Piloten der israelischen Fluglinie El-Al passieren können. Andere Berichte behaupten, er sei gar nicht entführt, sondern ausgewiesen oder vom Mossad längere Zeit in Uruguay festgehalten worden. Zwar wurde Israels Entführung von vielen Seiten gerügt, niemand aber mochte dem jungen Staat der Juden das moralische Recht absprechen, über die Verbrechen Adolf Eichmanns zu richten.

Angeblich war es ein Blumenstrauß, der den einstigen SS-Obersturmbannführer mit letzter Sicherheit 1960 enttarnte. Beschattet hatten ihn die Agenten des Mossad seit Tagen schon, zu oft aber hatten sich die Hinweise auf Eichmann als falsche Fährten erwiesen. Diesmal wollten sie, zumal die illegale Entführung Eichmanns von fremdem Boden geplant war, von der die ansässigen Behörden nichts erfahren durften, ganz sicher sein. Als Eichmann am 21. März 1960 mit dem Bus zu einem Blumenladen fuhr und mit einem Strauß in seine Wohnung in der Garibaldi-Straße zurückkehrte, den er seiner Frau überreichte, bestand für seine Verfolger kein Zweifel mehr, dass sie den Gesuchten vor sich hatten, denn der 21. März 1960 war Eichmanns 25. Hochzeitstag.

Wenige Wochen später, am 23. Mai 1960, machte Ministerpräsident David Ben Gurion den Abgeordneten des israelischen Parlaments, der Knesset, die überraschende Mitteilung, dass Adolf Eichmann, einer der größten Naziverbrecher, endlich gefasst worden sei und ihm in Jerusalem der Prozess gemacht werde.

Der Prozess in Jerusalem

Nachdem sich die diplomatischen Wogen wieder halbwegs geglättet hatten, wurde Eichmann schließlich ein knappes Jahr später vor Gericht gestellt. Über einhundert Belastungszeugen sagten vor dem Jerusalemer Bezirksgericht über die Gräuel der »Endlösung« aus, auch Eichmann selbst – ein schmächtiger, fast zart wirkender, unscheinbarer und höflicher Mann mit weicher Stimme, schütterem Haar und dunkler Hornbrille – gab während des einjährigen Prozesses im Zeugenstand beflissen, fast unterwürfig Auskunft über die Maschinerie des Naziterrors und das Innenleben eines NS-Täters. »Selbstverständlich« sei ihm bekannt gewesen, welches Schicksal die von ihm Deportierten erwartete, aber er habe doch mit der Vernichtung direkt gar »nichts zu tun gehabt«, sondern lediglich »gehorcht« und seine Pflicht getan, nie aber einen »Befehl zum Töten eines Juden gegeben«, sondern sich in den »Arbeitsprozess« eingefügt und die Anordnungen seiner Vorgesetzten befolgt – ein derart korrektes Verhalten könne er auch im Nachhinein nicht als ein Vergehen ansehen.

Während der Angeklagte für den israelischen Staatsanwalt Gideon Hausner der allmächtige, vom Judenhass getriebene Organisator des Völkermords war, sah die deutsch-jüdische Philosophin Hannah Arendt in Eichmann keine verbrecherische Ausnahmeerscheinung, sondern die personifizierte »Banalität des Bösen«, eine Bezeichnung, die fast als ein geflügeltes Wort Schule machte, von jüdischer Seite aber scharf als »Verhöhnung der Opfer« und als »Verharmlosung der

Der »Manager des Völkermords«

Verbrechen« zurückgewiesen wurde. Das von den Nationalsozialisten an den Juden begangene Verbrechen sei einzigartig, jede Deutung, die das nicht erkenne, trage zur Verharmlosung oder Relativierung des grausamen Geschehens bei.

Der Eichmann-Prozess sowie Hannah Arendts Deutung von der Alltäglichkeit – und damit auch Wiederholbarkeit – des Bösen rief auch in Deutschland heftige Proteste hervor. Dort wollte man in einer Zeit, als die Früchte des deutschen Wirtschaftswunders und einer zunehmenden internationalen Anerkennung geerntet wurden, von den »alten« Geschichten nichts mehr wissen. Die meisten Menschen, auch die regierenden Politiker, hatten sich in der aufstrebenden Bundesrepublik gerade wieder eingerichtet. Sie wollten nicht zurück, sondern nach vorn blicken; sie wollten nicht ständig an die Zeit des Nationalsozialismus und womöglich an die eigene Schuld erinnert werden, sondern am liebsten den Mantel des Vergessens darüberlegen. Arendts *Eichmann in Jerusalem. Über die Banalität des Bösen*, in dem sie fünf ihrer in der amerikanischen Zeitschrift *The New Yorker* veröffentlichten Artikel zu einem Buch verarbeitete, erschien 1964 – nach zahlreichen Querelen mit dem Leiter von Arendts deutschem Verlag Piper, Hans Rößner – in der Bundesrepublik; dass Rößner Mitarbeiter im nationalsozialistischen Reichssicherheitshauptamt gewesen war, wusste die Autorin nicht und sollte es bis zu ihrem Tod auch nicht mehr erfahren. Ihr Buch zerstörte die sorgsam aufgebauten Legenden der bundesrepublikanischen Nachkriegsgesellschaft, in der viele, ähnlich wie Eichmann, sich zur Rechtfertigung ihrer nazistischen Vergangenheit auf die »Pflicht«, den »Gehorsam« beriefen, um jede Mitverantwortung an den Verbrechen des Dritten Reiches von sich zu weisen.

Der »moralische Zusammenbruch« der Deutschen, der den Völkermord an den europäischen Juden erst möglich machte, daran ließ das Buch der streitbaren Philosophin keinen Zweifel, war nicht das Werk Einzelner, auch nicht nur das Werk einer verbrecherischen Clique gewesen – die Katastrophe hatte nur mit einer großen Masse an Mittätern, an willigen Helfern, geschehen können. Tausende Frauen und Männer, die sehr wohl wussten, dass Mord ein Verbrechen und eine Sünde ist, hatten sich an der gezielten Ermordung von Millionen Menschen – nicht nur Juden, sondern auch Sinti und Roma, Homosexuelle sowie geistig und körperlich Behinderte – aktiv beteiligt. Die meisten von ihnen, Richter, Staatsanwälte, Ärzte, Lehrer, hatten nicht selbst getötet, wohl aber, wie Adolf Eichmann, dem Unrecht »gedient« und waren, nachdem sie unter den Nazis ihre »Pflicht erfüllt« hatten, in der neuen Bundesrepublik bald wieder in ihre alten Funktionen gerückt. Sie wurden gebraucht, und »Unbelastete« gab es nur wenige. Hannah Arendts Interpretation von Eichmann, der die »Banalität des Bösen« verkörpere, trug entscheidend dazu bei, dass in den folgenden Jahren in der Bundesrepublik eine wichtige politische Auseinandersetzung über die Mitverantwortung an den nazistischen Verbrechen losbrach, die bis heute nicht verstummt ist.

Eichmann selbst erlebte das alles nicht mehr. Seine Richter verurteilten ihn zum Tode. Am 31. Mai 1962 wurde er in Israel gehenkt, seine Leiche verbrannt und seine Asche über dem Mittelmeer verstreut.

GLOSSAR

Alija (Aufstieg) bezeichnet die Einwanderung nach Palästina, später nach Israel.

Almenor oder auch Bima ist das Lesepult, von dem aus während des Gottesdienstes die Tora verlesen wird. Im sefardischen Judentum heißt dieses Pult Tevah.

Aschkenas meint die jüdischen Ansiedlungen nördlich der Alpen. Die Mitglieder dieser Gemeinden, die Aschkenasim, unterschieden sich von den Sefardim, die in Spanien, Portugal und vorwiegend im Herrschaftsbereich des Islam, später auch in den portugiesischen Kolonien Südamerikas lebten.

Bar Mizwa (Jungen), Bat Mizwa (Mädchen) ist das Fest, mit dem der Junge im Alter von dreizehn, das Mädchen von zwölf Jahren die religiöse Volljährigkeit erwirbt.

Besamim (Gewürze) ist eine Büchse mit wohlriechenden Gewürzen, wie Nelken, Zimt und Muskat, die helfen sollen, die Trauer über das Ende des Sabbat zu vertreiben. Über sie wird der Segen gesprochen.

Brit Mila, die Beschneidung, wird am achten Tag nach der Geburt eines Knaben in der Synagoge oder im Krankenhaus vorgenommen, um den Bund zwischen Gott und den Nachkommen Abrahams immer wieder zu erneuern.

Chasam ist der Kantor oder Vorbeter, der singend durch den Gottesdienst führt.

Glossar

Chassidismus ist die mystisch-religiöse Erneuerungsbewegung, die im 18. Jahrhundert, von Polen ausgehend, sich in ganz Osteuropa verbreitete.

Cheder heißt die jüdische Elementarschule, die die Jungen bis zu ihrem 13. Lebensjahr besuchten. Sie erhielten dort eine vorwiegend religiöse Bildung, die sie mit den Texten des Judentums vertraut machte.

Chuppa ist der Baldachin, unter dem die Trauung der Brautleute vollzogen wird.

Davidstern oder »Magen David« ist ein sechszackiger Stern, der aus zwei gekreuzten gleichseitigen Dreiecken besteht. Zum zentralen Symbol wurde der Magen David erst ab dem 19. Jahrhundert und steht seitdem für das jüdische Volk. Auch die Flagge des Staates Israel enthält deshalb den Stern.

Diaspora (griechisch: Zerstreuung) bezeichnet das – freiwillige oder durch Vertreibung erzwungene – Leben von Juden außerhalb Palästinas / Israels.

Genisa ist ein ummauerter Hohlraum in der Synagoge, in dem unbrauchbar gewordene Torarollen aufbewahrt werden.

Ghetto war das abgeschlossene Judenviertel, in das die Juden in vielen Städten nach Sonnenuntergang und an Sonn- und Feiertagen eingeschlossen wurden.

Halacha heißt die Sammlung aller jüdischen Religionsgesetze, ihre durch die schriftliche wie mündliche Überlieferung geforderten Gebote wie Verbote.

Glossar

Haskala hieß die aus dem jüdischen Berliner Bürgertum hervorgehende Aufklärung, deren geistiger Vater und Mentor Moses Mendelssohn war. Seine Forderung, sich in die »Sitten und Bräuche« des Landes zu fügen, in der die verstreuten Juden lebten, führte zu heftigen Konflikten innerhalb der Gemeinden.

Hawdala ist die Zeremonie, mit der beim Erscheinen der drei Abendsterne am Samstagabend die Königin Sabbat verabschiedet wird.

Hebräisch ist die klassische Sprache des Judentums, in der alle wichtigen religiösen Werke verfasst sind. Sie wird von rechts nach links geschrieben und gelesen. Das Alphabet besteht aus 22 Konsonanten, Vokale werden nicht mitgeschrieben, sondern seit dem 8. Jahrhundert stellen Punkte und Striche unter den Konsonanten bestimmte Vokalwerte dar.

Jahwe als Name für »Gott« wurde von Mose überliefert. »Ich werde sein, der ich sein werde«, erhielt Mose zur Antwort, als er Gott nach seinem Namen fragte. Fromme Juden sprechen den Namen Gottes, der in der hebräischen Bibel – als Zeichen besonderer Ehrfurcht – immer in althebräischer Schrift als Tetragramm wiedergegeben wird, nicht aus. Werden solche Stellen aus den Heiligen Schriften vorgelesen, an denen Sein Name auftaucht, wird etwas anderes gelesen als geschrieben steht – nämlich *Adonaj* (mein Herr) oder *Elohim* (Gott).

Jeschiwa bezeichnete ursprünglich die Sitzung an einem Gerichtshof. Später hießen so die Akademien, an denen die Rabbiner ausgebildet werden.

Jom ha-Schoah we ha-Gewurah ist ein staatlicher Gedenktag, an dem der ermordeten Juden, der Schoa, wie auch der Märtyrer des jüdischen Widerstands gedacht wird.

Glossar

Jom ha-Azmaut, eigentlich ein säkularer Feiertag, dem aber durch besondere Festgebete ein religiöser Charakter verliehen wurde, erinnert an die Unabhängigkeitserklärung von 1948.

Jom Jeruschalajim ist ein Feiertag in Erinnerung an die Befreiung und Wiedervereinigung von Jerusalem.

Kabbala (Tradition, Überlieferung) ist die jüdische Mystik, die sich seit dem 12. Jahrhundert in Spanien und in der Provence entwickelte. Die Kabbalisten suchten in der inneren Versenkung den Abstand zu Gott zu überwinden.

Kaddisch, eines der wichtigsten Gebete im Judentum, ist das am Ende der Trauerzeremonie gesprochene Totengebet.

Kaschrut (kascher: geeignet) bezeichnet die Regeln, die zu beachten sind, um »rein« zu bleiben.

Ketubba ist der Ehevertrag, der nicht zwischen den Brautleuten, sondern den beiden betroffenen Familien festgeschrieben wurde. Dazu gehörte auch die Festlegung einer Mitgift.

Kibbuz ist eine kollektive und auf Egalität aller bestehende Lebens- und Arbeitsform, die im Zuge der jüdischen Einwanderung nach Palästina entstand. 1910 wurde der erste Kibbuz in der Jordanebene gegründet. Die Kibbuzim sollten das Land kultivieren helfen, waren aber oft auch als Wehrdörfer in den besonders gefährdeten Grenzzonen zum arabischen Gebiet gelegen. Ihre zionistischen Siedler folgten sozialistischen Idealen: Das Eigentum gehört allen, Beschlüsse werden gemeinsam gefasst, es gibt keine festen Berufe, sondern jeder kann zu jeder notwendigen Tätigkeit herangezogen werden. Diese insbesondere von russischen Zionisten propagierte Verbindung

Glossar

von Nationalismus und Sozialismus, für die die Kibbuzim Symbol waren, ist längst einer starken Differenzierung gewichen. Heute gibt es sehr verschiedene Kibbuz-Modelle. Erhalten aber hat sich bis ins heutige Israel das auch schon von den frühen Kibbuzim praktizierte Vorgehen: Fakten zu schaffen, indem Behausungen auch in vormals von den Arabern bewohnten Gebieten errichtet werden – Kern der umstrittenen Siedlungspolitik.

Kiddusch (Segnung) ist der Segensspruch, der am Sabbat im Gedenken des – dank der rettenden Intervention Gottes – glücklich verlaufenen Exodus' der Juden aus Ägypten über den Becher Wein gesprochen wird.

Kiddusch ha-Schem ist der Freitod zur »Heiligung des Herrn«.

Kippa ist die traditionelle Kopfbedeckung, die allerdings erst nach 1500 aufkommt.

Koscher ist das jiddische Wort für »kascher«. Bei einem koscheren Essen dürfen die Speisen kein Blut enthalten; Milch- und Fleischprodukte dürfen nicht vermischt, noch mit denselben Geräten zubereitet oder gemeinsam aufbewahrt werden. Bestimmte Fleischsorten gelten als nicht koscher (*trefe*: unrein). Beim Töten der Tiere ist zudem auf die Vorschriften des Schächtens zu achten.

Mazel tow Die Hochzeit gehört im jüdischen Leben zu den großen festlichen Ereignissen. Am Ende der Zeremonie trinkt das Brautpaar gemeinsam aus einem Becher, dann zertritt der Bräutigam ein Glas und alle wünschen *mazel tow* – viel Glück.

Glossar

Mazze ist Brot aus ungesäuertem Teig, Symbol des Pessachfestes in Erinnerung an den Auszug aus Ägypten, als den Juden – weil sie eilig zur Flucht aufbrachen – nur dieses Brot zur Verfügung stand.

Menora heißt der siebenarmige Leuchter im Heiligtum des Jerusalemer Tempels; seit 1948 ist er offizielles Emblem des Staates Israel.

Mesusa wird die Pergamentrolle genannt, die mehrere Abschnitte aus der Tora enthält und am Türpfosten des Hauseingangs befestigt wird.

Minjan bezeichnet den Kreis von zehn Personen, die anwesend sein müssen, um einen Gottesdienst abzuhalten; im orthodoxen Judentum zählen nur Männer zum Minjan.

Mikwe ist das rituelle Tauchbad aus »lebendem Wasser«, das jede jüdische Gemeinde besitzt, um bestimmten Reinheitsgeboten Folge leisten zu können.

Mischna (Wiederholung), ein Teil des Talmuds, beinhaltet die Aufzeichnung mündlicher Überlieferungen, Gesetze und Sitten, damit die Vorschriften von Generation zu Generation verlässlich weitergegeben werden können. Die erste Mischna war bereits um das Jahr 200 vollendet.

Pogrom wird eine gewalttätige Ausschreitung gegen religiöse, rassische oder nationale Minderheiten genannt. Der Begriff ist russischen Ursprungs, bezog sich ursprünglich auf ein »Unwetter« und meinte die damit einhergehende Verwüstung.

Rabbi, wörtlich »mein Meister«, ist ein Toragelehrter, der in religiösen Fragen eine hohe Autorität hat. Ein Rabbi lässt sich nicht ohne weiteres mit einem christlichen Geistlichen vergleichen. Er steht Gott nicht näher als andere Menschen, er predigt auch nicht, sondern dient als Ratgeber in allen Fragen von religiösem Belang.

Sabbat ist der feierliche Höhe- und Endpunkt der Woche, die nach jüdischem Brauch am Samstagabend beginnt. In sechs Tagen, so berichtet es das erste Buch Mose (Genesis), hat Gott die Welt erschaffen, mit allem, was dazugehört; am siebten Tag hat Gott geruht. Am Sabbat sind viele Tätigkeiten, Arbeit und Geschäfte verboten.

Schamasch ist der Synagogendiener, der den Gottesdienst überwacht und die im Judentum verbindlichen Feste organisiert.

Schma Israel »Höre Israel, der Herr, unser Gott, ist Einer«, so beginnt das »Schma« (Höre!), das zentrale Glaubensbekenntnis des Judentums, das dreimal täglich aufzusagen ist, um sich zu dem einzigen Gott und zu seiner einzigartigen Beziehung zum Volk Israel zu bekennen.

Schoa (Verderben) ist die von Juden verwendete Bezeichnung für die vom nationalsozialistischen Regime betriebene Massenermordung von Juden. Seit den 1970er Jahren ist daneben der Begriff »Holocaust« (Brandopfer) gebräuchlich.

Schtetl hieß die jüdische Siedlung oder das jüdische Viertel einer Kleinstadt in Mittel- und Osteuropa, in dem die Juden relativ abgeschottet von ihrer Umwelt lebten. Die Bewohner blieben unter sich, ihre Kleidung, ihre Sprache, ihre Bräuche erhielten sich hier eher als anderswo.

Sederabend bezeichnet den Vorabend und Auftakt des Pessachfestes, an dem im Kreis der Familie des Auszugs aus Ägypten gedacht wird, Texte aus der Haggada gelesen, Lieder gesungen und bestimmte symbolische Speisen verzehrt werden.

Glossar

Sefarad ist die biblische Bezeichnung für die Iberische Halbinsel, wo für lange Zeit, unter islamischer Herrschaft, ein zweites blühendes Zentrum jüdischen Kulturlebens entstand, bis die sefardischen Juden Ende des 15. Jahrhunderts – nach der »Reconquista«, das heißt der christlichen Rückeroberung Spaniens – wieder von dort vertrieben wurden.

Synagoge bedeutet »Haus der Versammlung«, der »Zusammenkunft«. Die Synagoge ist nicht mit einer christlichen Kirche zu vergleichen; sie ist ein Haus des Gebets und zugleich ein Haus des Lernens und ein Versammlungsort für die Gemeinde.

Takkanot heißen solche Anordnungen und Vorgaben von Rabbinern und Toragelehrten, die nicht unmittelbar auf biblischen Quellen beruhen. Der Umgang mit moderner Technik beispielsweise wirft Fragen auf, die stets neue Antworten und Regelungen verlangen.

Talmud bedeutet »Belehrung«. Nach der Zerstörung des Tempels und der »Zerstreuung« (Diaspora) der Juden begann man, Gesetze, Sitten und Überlieferungen aufzuschreiben, um religiöse Vorschriften und Brauchtum weiter zu erhalten. Eine bis heute verbindliche Zusammenstellung wurde um das Jahr 500 in Mesopotamien abgeschlossen, im sogenannten Babylonischen Talmud. Im Talmud wird zwischen der strengen *Halacha* (Gesetzeslehre) und der *Aggada* (Erzählung) unterschieden. Letztere nimmt mit der Zeit an Umfang immer weiter zu, da es kaum ein Thema gibt, das der Talmud unbeantwortet lässt und die Gesetze im Lichte neuerer Entwicklungen stets neu ausgelegt werden müssen.

Tora ist das Allerheiligste der Hebräischen Bibel. Sie besteht aus den Fünf Büchern Mose (griechisch: Pentateuch). Aufgeschrieben wurden sie etwa zwischen 950 und 800 vor unserer Zeitrechnung. Die

Glossar

Tora, von Hand auf Pergament geschrieben und um zwei Stäbe gewickelt, enthält alle 613 Ge- und Verbote (Mizwot) des Judentums und erzählt die Geschichte von der Weltschöpfung bis zum Tode des Religionsstifters Mose.

Zionismus meint ursprünglich die Orientierung der Juden auf eine Rückkehr in das dem Volk Israel in der Bibel verheißene Gelobte Land (Palästina) und nach Zion (Jerusalem). Im letzten Drittel des 19. Jahrhunderts, als die Juden sich durch den modernen Antisemitismus bedrängt sahen, wurde daraus eine politische Bewegung. Ihr Begründer war der Journalist Theodor Herzl. Er forderte einen eigenen Judenstaat, um die »Judenfrage« zu lösen. Aber schon vor dem Erscheinen von Herzls berühmtem Manifest Der Judenstaat (1896) lebten mehr als 20 000 Juden in Palästina, viele von ihnen seit Generationen. Ihr Lebensunterhalt wurde von jüdischen Gemeinden aus aller Welt bestritten, damit sie sich vorrangig dem Torastudium und dem Gebet widmen konnten. Zwischen ihnen und den in den ersten zwei Jahrzehnten des 20. Jahrhunderts einwandernden zionistischen Neusiedlern entstanden bald heftige Konflikte, predigten die Zionisten doch harte körperliche Arbeit, damit aus dem in der Diaspora degenerierten jüdischen Volk wieder ein neuer jüdischer Mensch hervorgehen könne. Für 1,6 Millionen Pfund Sterling erwarb der französische Baron Edmond de Rothschild – aus der berühmten Finanzdynastie – Grund und Boden, verteilte es an die Pioniere und unterstützte die ersten Dörfer. Als er sich 1900 zurückzog, übernahm der Jüdische Nationalfonds diese Aufgabe, der von Juden aus aller Welt finanziert wird.

LITERATURHINWEISE

Beuys, Barbara: Himmel und Hölle. Jüdisches Leben in Europa durch zwei Jahrtausende, Reinbek 1996

Brenner, Michael: Kleine jüdische Geschichte, München 2008

Brodersen, Ingke und Dammann, Rüdiger: Zerrissene Herzen. Die Geschichte der Juden in Deutschland, Frankfurt a. M. 2006

De Vries, S. Ph.: Jüdische Riten und Symbole, Reinbek 1990

Elon, Amos: Zu einer anderen Zeit. Porträt der jüdisch-deutschen Epoche, München 2002

Galley, Susanne: Das Judentum, Frankfurt a. M. 2006

Gilbert, Martin: Liebe Tante Fori. Eine Geschichte der jüdischen Kultur, erzählt in Briefen, Reinbek 2003

Kaplan, Marion, Geschichte des jüdischen Alltags in Deutschland. Vom 17. Jahrhundert bis 1945, München 2003

Meyer, Michael A.: Von Moses Mendelssohn zu Leopold Zunz. Jüdische Identität in Deutschland 1749–1824, München 1994

Meyer, Michael A.: Deutsch-jüdische Geschichte der Neuzeit, Band 1–4, München 2000

Michalka, Wolfgang und Vogt, Martin (Hg.): Judenemanzipation und Antisemitismus in Deutschland im 19. und 20. Jahrhundert, Eggingen 2003

Ortag, Peter: Jüdische Kultur und Geschichte. Ein Überblick, Bonn 2004

Richarz, Monika, Lebenszeugnisse deutscher Juden 1780–1945, München 1989

Scholem, Gershom: Über einige Grundbegriffe des Judentums, Frankfurt a. M. 1996

Tilly, Michael: Das Judentum, Wiesbaden 2007

Trepp, Leo: Die Juden. Volk, Geschichte, Religion, Reinbek 1998